顧客の「個性」を捉え、
自社の「個性」を体現する
デジタル時代の事業創造法

IDENTITY DRIVEN

アイデンティティドリブン事業創造

Ridgelinez株式会社

平山 将　上席執行役員 Partner

村瀬 馨人　Director

田中 培仁　Director / Chief Creative Director

鈴木 謙一　Director

はじめに

アイデンティティの時代

私たちは現在、アイデンティティの時代を生きている。根底にあるのは、画一的なライフスタイルや成功モデルが良しとされた時代から、何よりも自分らしさが尊重される時代へのシフトチェンジ。デジタル化の進展による選択肢の拡大と自己発信手段の進化によって誕生した「個」が主役の時代である。

一方で、長い歴史を有し、かつては強い個性を誇っていた日本企業の多くが、事業のデジタル化を進めれば進めるほど生活者に各社のアイデンティティを感じてもらえなくなってしまう、〝デジタル化のパラドックス〟とも呼べる状況に直面している。

デジタル時代の戦略やサービスは模倣性が高く、同質化が進みやすいことから、生活者に選ばれ続ける〝持続性の高い事業〟を創ることは極めて困難になっている。自社らしさ・企業のアイデンティティを追求した差異化戦略が求められていることに加え、生活者の価値観が多様化・複雑化している中で、世代や性別、年収といったデモグラフィックデータの活用による従来型の生活者理解に基づく事業創造アプローチは限界を迎えている。

こうした変革の時代において企業が成長を続けるためには、どのように事業を変革・創造していけばよいのだろう？　当社リッジラインズが提案したいのが、我々が「アイデンティティドリブン（共鳴型）」と呼んでいる事業創造モデルだ。生活者の行動の背景にある価値観・アイデンティティを捉え、企業が持つ強み・アイデンティティと共鳴させることで商品・サービスの開発・提供を目指すモデルである。

その戦略立案からサービス企画・開発・運用まで、300を超えるプロジェクト支援で培ってきた我々のナレッジと方法論のエッセンスを1冊に凝縮したのが、本書『アイデンティティドリブン事業創造』である。

本書の序章では、企業を取り巻く現在のビジネス環境について触れ、第1章＝日本企業に求められる「アイデンティティドリブン」では、なぜ生活者と企業の共鳴が必要なのか、その効果と優位性を解説する。アイデンティティ共鳴型事業の全体像を知ることができる。

第2章～第4章は、「アイデンティティ共鳴型」事業構築までの道のりを3つのステップに沿って説明する。第2章＝生活者のアイデンティティを知る、第3章＝企業のアイデンティティを再定義する、第4章＝製品・サービスの価値を「加速させ続ける」フレームワーク、である。顧客が真に求める製品・サービスを提供するために我々が行っている基本アプローチをまとめる。終章となる第5章＝アイデンティティドリブンを実践する組織作りでは、人・企業のアイデンティティ追求によって実現した世界観を全社で共有するための方法について述べる。

「人と企業のアイデンティティが共鳴する新たな社会を創造することで、〝生活者一人ひとりにとっての正解〟と〝企業のサステナブルな成長〟を形にする」――。これが我々のビジョンであり、アイデンティティだ。本書をご覧になって、この思いに共鳴していただける方が増えたとすれば、これに勝る喜びはない。

著者を代表して

Ridgelinez 上席執行役員 Partner　平山 将

目次

第1章 日本企業に求められる「アイデンティティドリブン」

第2章 生活者のアイデンティティを知る

第3章 企業のアイデンティティを再定義する

第4章 製品・サービスの価値を「加速させ続ける」フレームワーク

第5章 アイデンティティドリブンを実践する組織作り

序章

イノベーション ゾンビの罠

成長を見込みにくい既存事業

平均寿命の延伸と人生１００年時代の到来、増加し続ける共働き世帯、働き方改革に向けた機運の高まり、ネットの浸透などに伴う時間の使い方の変化、人とのつながりに関する意識の変化、多種多様な新サービスの登場、そしてコロナ禍によって余儀なくされたライフスタイルの変化――。

さまざまな事象の積み重ねにより、生活者の価値観はここ10年で急速に変化し、多様化している。消費において重視されるポイントが移り変わるスピードも速まっている。このため、同一のプロダクトやサービスを数多くの人に提供して稼ぐという、昔ながらのビジネスモデル、つまり多くの既存事業は成長を見込みにくい状況が訪れている。

こうした環境の中、生活者を最終顧客とするＢｔｏＣ（ビジネス・トゥー・コンシューマー）企業の多くは、今後の成長の活路を見いだそうと、新規事業開発に着目している。ただ、実際に新たに事業を立ち上げ、成長への活路に仕立てるのは容易ではない。企業を成長させるということは、長期にわたって経営の柱になる事業を創らねばならないということ。活路とする新規事業は、顧客に長く受け入れられ、事業としての持続性があり、そして従業員が喜んで手掛け続けられる、そのようなものでなければならない。

重要なのは、生活者の価値観やライフスタイルにきちんと向き合うことと、自社が継続的に手掛けていく意味が明確になるようなビジョンを掲げることである。本書では、そのアプローチとして「アイデンティティドリブン（共鳴型）」の事業創造を提案したい。ここで言うアイデンティティとは、顧客となる生活者の嗜好《しこう》や生活スタイルなどの内面に根付く価値観と、商品・サービスの提供者となる企業の存在意義やそれをどのような方法で価値として提供するかという、企業としての独自の考え方の両方を指す。どちらか一方ということではなく、両方を踏まえ、その共鳴点を探る事業創造のアプローチが必要なのである。

デジタル技術の活用自体は本質ではない

しかし現実を見ると、多くの企業、事業開発担当者、あるいはそれを管轄する経営陣は、誤ったアプローチを取っている。とりわけ目立つパターンが、最新のデジタル技術を駆使することだけに着目した新規事業の立ち上げである。

確かに、デジタル技術の台頭により、それらを活用した新しいサービスや商品が続々と登場している。ＥＣ（電子商取引）を介して企業がユーザーと直接つながりながら商品開発・販売を行うＤｔｏＣ（ダイレクト・トゥー・コンシューマー）モデルや、顧客に継続的な商品・サービス提供を行うことで定期的な収入を得ようとするサブスクリプション型モデルがそうだ。

DtoCの著名な例としては、天然素材を使ったスニーカーが人気となった米オールバーズや、オーダースーツを手掛ける国内のファブリックトウキョウなどが挙げられる。両者は共に2010年代半ばの創業で、消費者と「ダイレクト」なコミュニケーションを取りながら事業を展開し、急成長した。一方、アップルミュージックやネットフリックスに代表されるサブスクリプションについては、もはや詳しい説明は不要かもしれない。サブスクリプション型モデルは、動画や音楽はもちろん、自動車や外食、ファッション、家具などの分野に広がっている。

これらは従来にないビジネスモデルに基づく事業を展開し、生活者に新しい顧客体験を提供するもので、少なからず生活者に価値観の変化をもたらしたことは間違いない。より身近で分かりやすいのが、スマートフォンやパソコンからオーダーするだけで、近所の飲食店から食事を届けてくれるフードデリバリーサービスだろう。コロナ禍を機に一気に市場を拡大し、今や飲食店側にとっても生活者側にとっても欠かせないサービスとなった。

ただ、デジタル技術を活用しさえすれば成功する事業を生み出せるのかといえば、そうではない。重要なのは競合他社が同じ市場を狙ってくることを想定し、それでも勝ち抜いていける事業を考えること。ビジネスモデルの斬新さやデジタル技術を駆使すること自体は本質ではない。

過当競争に陥ったフードデリバリーサービス

新規事業の立ち上げに当たっては、ともすると、生活者に受け入れられている他社の新事業を見て、自分たちも同様に手掛けられないかと考えがちである。デジタルサービスはＵＩ／ＵＸ（ユーザーインターフェース／ユーザー体験）がオープンになっている場合が多く、それだけに「このサービスなら自社でも展開できる」と考える人が後を絶たない。フードデリバリーサービスにも、コロナ禍以降多くの新規参入があった。

デジタルサービスに限ったことではないが、生み出しやすいということは模倣しやすいということでもある。競合他社が参入してくれば、先行企業の独自性も薄れる。「どのサービスプラットフォームもほぼ同じデザインでユーザー体験もほぼ変わらず、サービス内容も同一」という状況に陥りやすい。フードデリバリーサービスの場合は、キャンペーンやクーポン配布といった実質的な価格競争で顧客の囲い込みに注力しているが、差異化に至らず、過当競争により事業撤退する企業も出始めている。

同じようなターゲット・市場を対象にすれば、各企業が把握しているユーザー層やマーケティング情報にも差は出ない。結果として、企業が提案する新サービスや改善のアイデアも似通ったものにならざるを得なくなる。実際、こうした課題を解決するため、一部のフードデリバリーサービスでは、今ある事業の仕組みを生かし、食料品や日用品の配送も行う「クイックコマース」を展開するなど、他社と連携しながら事業を行う方向にシフトし始めている。

何らかの形で生活者に優先的に選びたいと思わせるだけの独自性を打ち出せなければ、差異化は難しく、残る道は価格・料金の競争しかない。そうなったとしても、例えば原材料の調達などで有利な条件を整える、他社を圧倒するほどの営業力でシェアを獲得するといった手段を取れれば、レッドオーシャン市場でも勝ち抜ける可能性はある。しかし、それがなければ、いたずらに開発や販促に資金を費やした上で事業から の撤退に追い込まれる。そして今、こうした事態が、さまざまなデジタルサービスで多発している。

フードデリバリーサービス／サービス間での類似点

見た目からサービス内容までほぼ同じ、
というフードデリバリーサービスは多い

自社にしかできない要素での差異化

あのブランドと同じようなデジタルサービスを立ち上げたいが、どうすればいいか――。

当社がDX（デジタルトランスフォーメーション）を支援する中で、多くの企業から投げかけられる質問がこれだ。前述したUI／UXなどの面での顧客体験にばかり目を奪われている典型例である。「生活者が本当に求めているものを探り出し、独自性のある商品・サービスを創造しよう」という思いはあっても、それを具現化するのは簡単ではない。勢い、先行事例に倣《なら》いたくなる気持ちは分かる。膨大な数のアイデアからほんのわずかな優良な事業を絞り込んでいく多産多死型が新規事業開発の前提条件だとはいえ、〝芯《しん》を食った〟事業アイデアがあまりにも少ない。

そこで当社がまず提案したいのが、「自分たちは何のために社会に存在するのか」という意義をとことん突き詰めて考える、ということだ。そこで得た答えを具体的な事業や顧客体験の設計における指針とすることが、自分たちの独自性、つまりアイデンティティを作る上でのカギとなる。

アイデンティティを起点に事業創造ができない企業には1つの共通点がある。業界内の有力プレーヤーの事例や、テクノロジートレンドやＵＩ、デジタルの仕組みなどの上澄みだけをすくい取り、自らの新規事業開発に反映してしまう点だ。これでは生活者の表面的な体験にしかフォーカスできず、生活者それぞれの「自分らしさ」、ライフスタイル、価値観に寄り添うことはできない。

既に先駆者が成果を出している市場に安易に新規参入をしたところで、後発企業が生き残るのは難しい。多額の広告宣伝費を投入して知名度を上げたり、価格面で圧倒的な優位性を出したりできる企業なら話は別だが、それには莫大な資本が必要になる。誰にでもできることではない。そのため当社ではまずクライアントに対して、「自社にしかできない要素でどう新たな体験を創るか、そこからどう差異化するか」を問いかけ、事業の継続可能性を議論してもらっている。

安易なイノベーション追従が生むゾンビ事業

事業が失敗しても、すぐにサービスを終了できればまだ傷は浅い。しかし現実には、さらに厄介な問題が起こっている。社運をかけてサービスを立ち上げたものの、その後ビジネスとして成長の余地がないことが見えてきた。それでも既存ユーザーに対する責任や、サービス終了時の責任を誰が取るのか、という事情とが相まってサービスを終了できない。そんな「ゾンビ化」しているサービスの誕生だ。ゾンビ化した事業を維持するために企業は人材や資金など多くのリソースを費やさざるを得なくなり、それに代わる新たな成長事業を検討するリソースさえ確保できなくなる、という悪循環が起こる。

安易な新規事業開発の結果、あらゆる企業に生まれ始めているこうしたゾンビ事業を、我々は「イノベーションゾンビ」と呼んでいる。

「DXを推進しよう」「デジタル技術を活用して新たな事業を創り上げていこう」という経営者の大号令のもと、最初は皆やる気を見せて開発に携わるも、顧客を魅了できず、継続性のない企画になってしまった。その後にトップや担当役員が代わる中で、誰も責任を取らずそのまま塩漬けになっているこうしたプロジェクトの惨状を、我々はこれまで数多く目の当たりにしてきた。

捉えるべきは生活者と企業のアイデンティティ

新規事業がイノベーションゾンビに陥ることを防ぐためにすべきことは何か。当社は、これまで顧客と共に実現してきた多数の成功例のノウハウと、独自に行ってきたさまざまな分析・調査・研究を通じて、1つのフレームワークを生み出した。それが「アイデンティティドリブン」事業創造モデルである。

その要諦は、①従来用いられてきたデモグラフィックデータ（年齢や性別など、一般的な属性によるデータ）だけではなく、生活者が暮らしの中で培った「価値観」をより深い部分で理解して、生活者が真に望んでいる深層的な原動力、「生活者のアイデンティティ」は何かを炙《あぶ》り出す。その上で、②企業がこれまで培ってきた理念や歴

アイデンティティ共鳴型
事業のイメージ

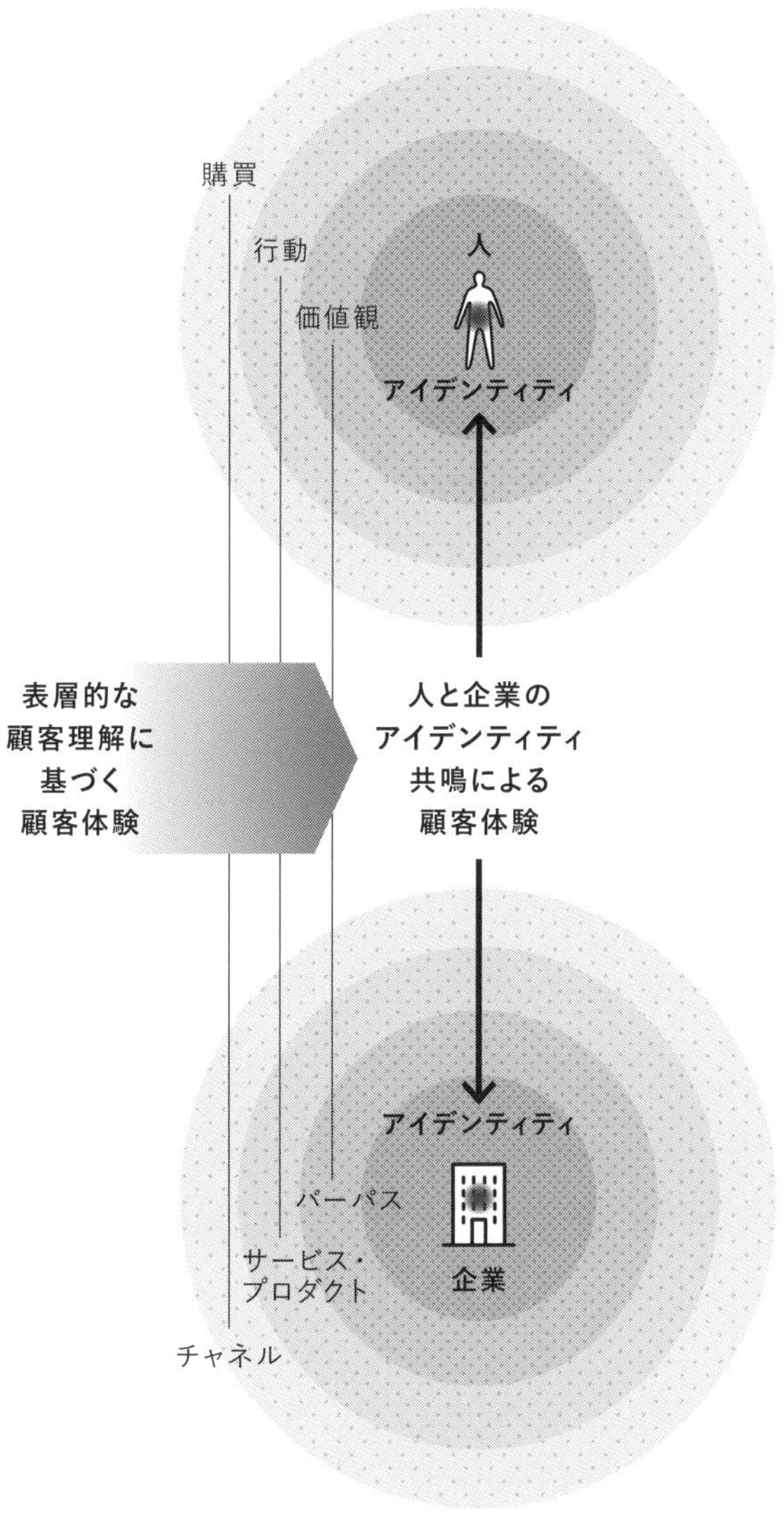

史、技術といった他社にはない強みや組織風土、行動規範などの「企業のアイデンティティ」を掘り起こす。③両者のアイデンティティを共鳴させながら、商品やサービスを絶えず進化させていく、ということだ。なぜ今こうした手法が求められるのか、生活者のアイデンティティとは何か、企業のアイデンティティをいかに掘り起こし、どう共鳴させていくのか……。続く第1章以降では、デジタル技術を活用しながら生み出す、新時代の事業創造の理論と実践法を解説する。

第1章

日本企業に求められる「アイデンティティドリブン」

生活者と企業のアイデンティティの共鳴を起点として創造する事業。これを当社では、「アイデンティティドリブン（共鳴型）」事業と呼んでいる。「アイデンティティの共鳴」とは、顧客たる生活者とサービス提供者たる企業が互いの考え方や行動を心から理解、共感し合うことである。

企業は生活者の価値観に合うものを提供し、生活者は企業の理念や狙いに共感し、その企業の商品やサービスを競合する他の企業やブランドのものより優先して選ぶ。さらにインターネットなどを通じて両者が積極的にコミュニケーションを取り合い、新たな体験を実現できるような商品・サービスを生み出し続けていく。アイデンティティの共鳴とはそういった状態を指す。

これは言い換えると、顧客にその企業やブランドの「ファン」になってもらい、自社のパートナーとして事業のエコシステムに参加してもらう、ということである。

この際にポイントとなるのが、〝共鳴の強さ〟である。いかに多くの生活者に共感してもらえるかと同時に、いかに長く選び続けてもらえるかという視点が欠かせない。こうした観点から昨今重視されているのが、「ＬＴＶ（Life Time Value、顧客生涯価値＝１人の顧客が企業にもたらす利益の総額）」である。「個」が主役の現代の経営において、最も重要な経営指標の１つであると言っていいだろう。

そこで本章では、ＬＴＶの最大化に成功したビジネスの事例を挙げ、それぞれのビジネスモデルの考察から、アイデンティティ共鳴型事業を創造・実現するために欠かせない基本的な考え方やフレームワークを分析する。

「売り切り型」「プロダクトアウト型」ビジネスの終焉

あらゆる分野において、生活者の基本的なニーズがほぼ満たされ、市場が成熟・飽和している現代の消費社会。そこに行き着くまでにたどってきた経済では、同一のものを、できるだけ高品質に、そしてできるだけ安く広範囲の生活者に届けることで事業は成立した。もちろん、過当競争の中で生き残る企業もあれば撤退を余儀なくされる企業もあったが、市場が未成熟であるだけに参入余地は大きかった。

しかし、今は違う。大半の生活者がスマートフォンを所有していることに象徴されるように、生活に必要なものが不足して困っている生活者は数少ない。しかも各種の商品・サービスが多様化し、生活者は好きなものを選択できる環境にある。

こうした環境では、事業の成り立ち方もおのずと違ってくる。可能な限り多くの生活者を顧客にすることはもちろん大切だが、より大事な要素になるのが、継続的に利用・購入する顧客を増やすことと、それらの顧客単価を高めることである。

事業モデルとして、この流れに逆行しかねないのが、「売り切り型」と「プロダクトアウト型」だ。単に商品を売るだけのビジネスは顧客との接点が薄い。「売って終わり」のビジネスを続けていると、商品やサービスに不満を抱かれれば顧客は離れていく。不満を抱かれないにしても、競合他社がもっと魅力的な商品やサービスを提供すれば、簡単に乗り換えられる。一方、企業が持つ技術的なシーズを起点とするプロダクトアウト型の商品・サービス開発では、多様化する生活者のニーズに応え切れるとは限らない。

もちろん、どちらの場合も事業化に際して、市場調査や想定顧客の行動観察は実施するだろう。ただ、そもそもプロダクトアウト型の思考から抜け出していない時点で、マーケティングも行動観察も表層的なものとなっていることが多い。従来は、そのようなデータに基づく短絡的なアイデアから開発された商品・サービスも、さまざまなプロモーションを通じて人々の瞬間的な購買動機を喚起することで大量に消費されてきた。

だが今は、生活者の断片的なニーズや、技術的なシーズを捉えただけのビジネスモデルはもはや通用しない。例えば「AR（拡張現実）グラス」のようなアイデア先行型のIoT機器。未知なる体験から注目され、スマートフォンを超えるデバイスの登場と期待されたものの、具体的なユーザーメリットや利用シーンが描けないまま期待だけが先行。結果的に生活との親和性に欠け、周囲の人々のプライバシーに配慮できないなどのさまざまなデメリットが表面化した。その先駆者であった米グーグルの「グーグル・グラス」が2015年にコンシューマー向け販売を断念したのを機に、一気に市場が冷え切った。

結局、生活者の本質的なニーズに基づいたものでなかったことから、衝動的な面白さや話題性を喚起しただけの一過性の消費で終わってしまい、それが生活者のライフスタイルに定着することはなかった。

成熟市場における事業モデルの変化

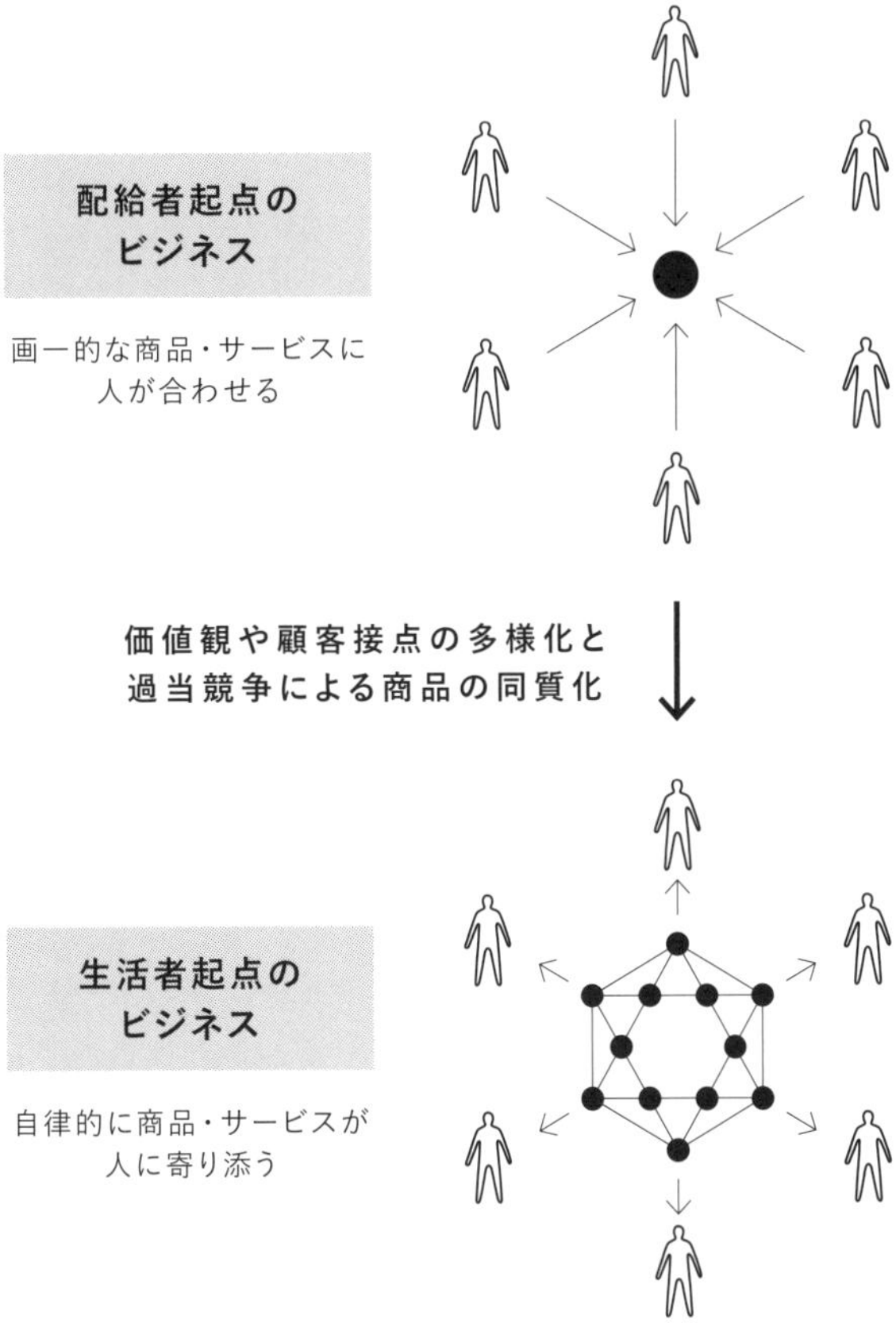
配給者起点のビジネス
画一的な商品・サービスに人が合わせる
価値観や顧客接点の多様化と過当競争による商品の同質化
生活者起点のビジネス
自律的に商品・サービスが人に寄り添う

加えて、生活者の消費行動の傾向は、モノの所有を重視した「モノ消費」から、体験や経験に価値を見いだす「コト消費」へと変化している。かつてモノ消費を支えた売り切り型ビジネスのライフサイクルは、より短期的な方向に向かっている。SNSを通じて情報があっという間に拡散・浸透する時代の売り切り型ビジネスモデルは、ブランドに対してのロイヤルティの醸成も生活者との長期的な関係作りも成し得ない状況に陥っている。

そんな中で新規事業を成功に導くためには、これまでの「売り切り型」や「プロダクトアウト型」に代わる新たなマーケティング手法、事業戦略に目を向ける必要がある。「アイデンティティ共鳴型」事業によるファンの獲得だ。

ＬＴＶを意識した「ファン」を作る事業運営

マーケティングのＤＸやＡＩの導入が加速し、データを介する企業と顧客との関係はこれまでにないほど緊密になった。企業は膨大な顧客の購買履歴を持ち、生活者の行動の詳細を把握できる。どの属性の顧客がどのような商品を購入し、それら顧客が次にどのような商品を買う傾向にあるのかなど、マーケティングデータの解析結果を基に分析し、今この瞬間に売れる商品やデジタルのサービスを量産し始めている企業もある。

また、メーカーの流通構造にも変化が起きている。販売代理店や小売店を介した間接的なビジネスから、顧客とメーカーとが直接取引を行うＤｔｏＣ事業への転換。さらには顧客の初期投資を抑え、サービスや商品に定期的にお金を払う定額課金型のサブスクリプション・ビジネスなどで顧客と直《じか》に接しながら、長期的な関係を築こうとする企業も続々登場した。

生活者と企業との関係がより緊密化し、それにつれてビジネスモデルが変化する中、新たな経営指標として「ＬＴＶ」が注目されている。ＬＴＶは、１人の顧客が企業と取引を始めてから終えるまでの間に、企業にもたらした利益の総額を指す用語だ。目指すビジネスモデルによってその定義は少しずつ異なるものの、一般的には「ＬＴＶ＝①平均顧客単価×②平均購買頻度×③平均継続期間×④粗利率」で求められる。

売り上げや利益といった指標だけに頼る経営は、１年など限られた期間での目標達成にフォーカスした短期的な事業運営に陥りやすい。新規顧客を獲得することが難しい現在のビジネス環境において重要なのは、生活者一人ひとりに向き合って顧客を「ファン化」し、継続的な取引を行い、中長期的な利益創出を図ること。その実現のため、生活者と企業との良好な関係を測る指標として、このＬＴＶが注目されているのだ。

顧客の期待を超える体験を

ＬＴＶを事業や経営の指標とすると、商品・サービス開発の考え方も変わる。企業が提供したい商品・サービスに人が合わせるのではなく、商品・サービスが人に寄り添う「共鳴型ビジネス・サービス」へのシフトである。それは、デジタル技術を活用して、顧客と直接的な関係を築けるようになったからこそ実現できるビジネスモデルと言えるだろう。

顧客をファン化してＬＴＶを向上させるために必要なのは、まず「生活者起点に立って考え抜かれた商品・サービスを提供すること」、次に「常に顧客の期待を超える価値を提供し続けること」といった、顧客との親密・緊密な関係作りである。

ＬＴＶ経営の成功例として知られる企業の１つが、２００３年から２０２１年まで19期連続で増収を達成した、クラフトビールメーカーの「ヤッホーブルーイング」である。

同社は「ビールに味を、人生に幸せを！」を企業として果たすべき使命に掲げており、ビールを飲む楽しさを生活者に提供することが自社の成長エンジンであると捉えている。同社の井出直行社長はかつて「どのメーカーも美味しいビールを造っている今、商品の味だけで他社との差異化はできない」と発言。事業のベンチマークを、同業他社ではなく「東京ディズニーリゾートやユニバーサル・スタジオ・ジャパンのようなテーマパーク」に置き、顧客とのコミュニケーションを重視した商品開発やプロモーションを展開する。

2012年に発売され、同社の代表商品の1つになっているものに、ホワイトエールと呼ばれる種類のビール「水曜日のネコ」がある。「水曜日のネコ」は、その華やかな香りから当初、女性に飲んでほしい商品として企画されたものだ。都心で働く数十人の女性にインタビュー調査を実施する中、「この人にこそ飲んでほしい」という一人にスポットを当て、最終的にその女性の生活や趣味を徹底して洗い出した。そして「他の人に何と言われようと、この女性が手放しで喜んでくれればそれでよい」というスタンスで開発に挑んだ。

こうして醸成されたのが「週の前半を乗り切った水曜日の夜に、頑張った自分へのご褒美と癒しを提供するビール」というコンセプトだ。癒しの象徴として猫を商品キャラクターに採用し、ビールとは思えないネーミングとビールには見えない可愛らしい猫をあしらったパッケージデザインという、これまでにない商品が誕生した。

発売時には3カ月分の在庫が2週間で完売。ツイッターやインスタグラムなどのSNSでは、この商品を購入することを「ネコ捕獲！」と表現する人が多数現れ、コンビニでビールを買うというよりは、自分を癒してくれる相棒を手に取ることを想起させるような購入体験を実現した。

ファンがファンを招き寄せる

同社はマーケティングやプロモーションでも、顧客との距離の近さを意識したコミュニケーションを展開する。マスメディアを利用した広告は行わず、その代わりに音声・動画配信やSNS、ブログ、メールマガジンなど、さまざまな自社メディアを駆使。社員自身が商品の魅力やビールの楽しみ方を顧客に直接伝える試みを、ここ十数年にわたって実施してきた。

創業初期には、社長が商品のキャラクターに扮して商品発表会や各種イベントに参加し、その様子を発信することで話題作りを行ったこともあった。コロナ禍前は、最大で参加者が5000人を超える「宴《うたげ》」と呼ばれるユーザー参加型の大規模な飲み会イベントを定期的に実施。メーカーと顧客、また顧客同士のつながりを作り上げていった。宴のようなリアルイベントを開催すると、募集を一切かけていないにもかかわらず「自分にもイベントを手伝わせてほしい」と、ボランティアで運営に関わってくれるファンが続出するようになったという。またこうしたファンは、自身のSNSなどを通じて同社の商品や活動のPRを自発的に行ってくれるようになり、クチコミがクチコミを呼ぶ形で同社の商品は話題になっていった。

現在はビールの魅力を知ってもらうためのオンラインセミナーなどを積極的に開催。仕事で忙しい生活者が夜に一人飲みをしていても「まるで誰かと一緒にお酒を楽しんでいる」かのように感じてもらえるような施策を実施している。最近は同社の顧客が「こんなテーマでオンライン飲み会を開催したい」と同社に直接働きかけ、メーカー公認でファン主催のオンラインイベントを開催するなど、ファン同士が次々とつながり、ファンが新たなファンを生む好循環が生まれている。

新商品の発売時には、全国の小売店に本当に商品が置いてあるかをユーザー参加型で検証するリアルタイム配信を流したり、テキストの分量が2万5000字を超えるという小説並みのボリュームの開発秘話が詰まった商品紹介サイトを作ったりもしている。話題性を備えた特徴のある手法で、同社の商品に触れることや同社と関わること自体が特別な体験となるような多彩な施策を実行してきた。

こうした独自の商品開発・コミュニケーションを支えているのが、スタッフに対して「知的な変わり者であれ」と強烈な個性を発揮することを求める企業文化だ。「知的な変わり者」は、もともと同社のユーザー像を示していた言葉。しかし顧客と同じ目線に立つために、いつの間にかこの人物像を社員にも求めるようになった。さまざまな個性を持つ社員が、同じ感覚を有する顧客と共感し合いながら商品を開発して交流を発展させる。企業と顧客とが共鳴し合い、互いに成長しながら事業を発展させるという同社が持つ文化は、今や売上高で大手4社とオリオンビールに次ぐ国内第6位の規模のビールメーカーに成長するための、大きな原動力となった。

企業の個性を発揮しつつ、それに共感してくれる顧客に徹底的に寄り添いながら、細やかにブランド体験を提供する。それが結果的に多くのファンを生み、LTVの向上につながっているのだ。

生活者と企業とが共鳴するビジネス

ヤッホーブルーイングをはじめ、近年さまざまな分野で成長を遂げている企業や成功した事業を分析すると、ある2つの共通点を備えていることが分かる。1つは、「生活者の価値観への対応（生活者の価値観を理解し、生活者のライフスタイルに寄り添った商品・サービスを提供すること）」、そしてもう1つが「企業アイデンティティの体現（企業としてどのような価値を顧客に提供するのか、自社の存在意義と価値を明確に定義して強烈な個性を発揮できていること）」だ。

生活者のライフスタイルに寄り添いながら、一方で企業が確たる信念や個性を持ち、それをもって生活者のライフスタイルを先導してアップデートする。この2つを絶え間なく繰り返し行うことが顧客との継続的かつ長期的な関係の構築につながる。逆に言えば、熱狂的なファンを生んでLTVを向上させるには、①生活者の価値観への対応と、②企業アイデンティティの体現が欠かせない要素だということだ。

この2つの要素を軸として、現在のLTV型ビジネスモデルをマッピング、図式化したのが、49ページの図である。当社が「アイデンティティ・マトリックス」と呼んでいるこのチャートは、縦軸に顧客の価値観・ライフスタイルへの対応＝その事業が顧客起点に立ち返り、生活者が大切にする価値観を捉えて事業を行えているか、横軸に企業／ブランドアイデンティティの体現＝企業が自社の個性を生かしたアイデンティティを体現できているかを取り、その達成度に応じてビジネスモデルを分類したものだ。

全部で4つに分類されるタイプの中、新規事業の創造でまず避けたいのが、当社が「コモディティ型」と呼ぶ左下のビジネス帯である。コモディティ型は、類似商品・サービスが乱立し、低価格と高効率化競争が激化する事業エリア。いわゆるレッドオー

アイデンティティで見る
4つの事業モデル

アイデンティティ・マトリックス

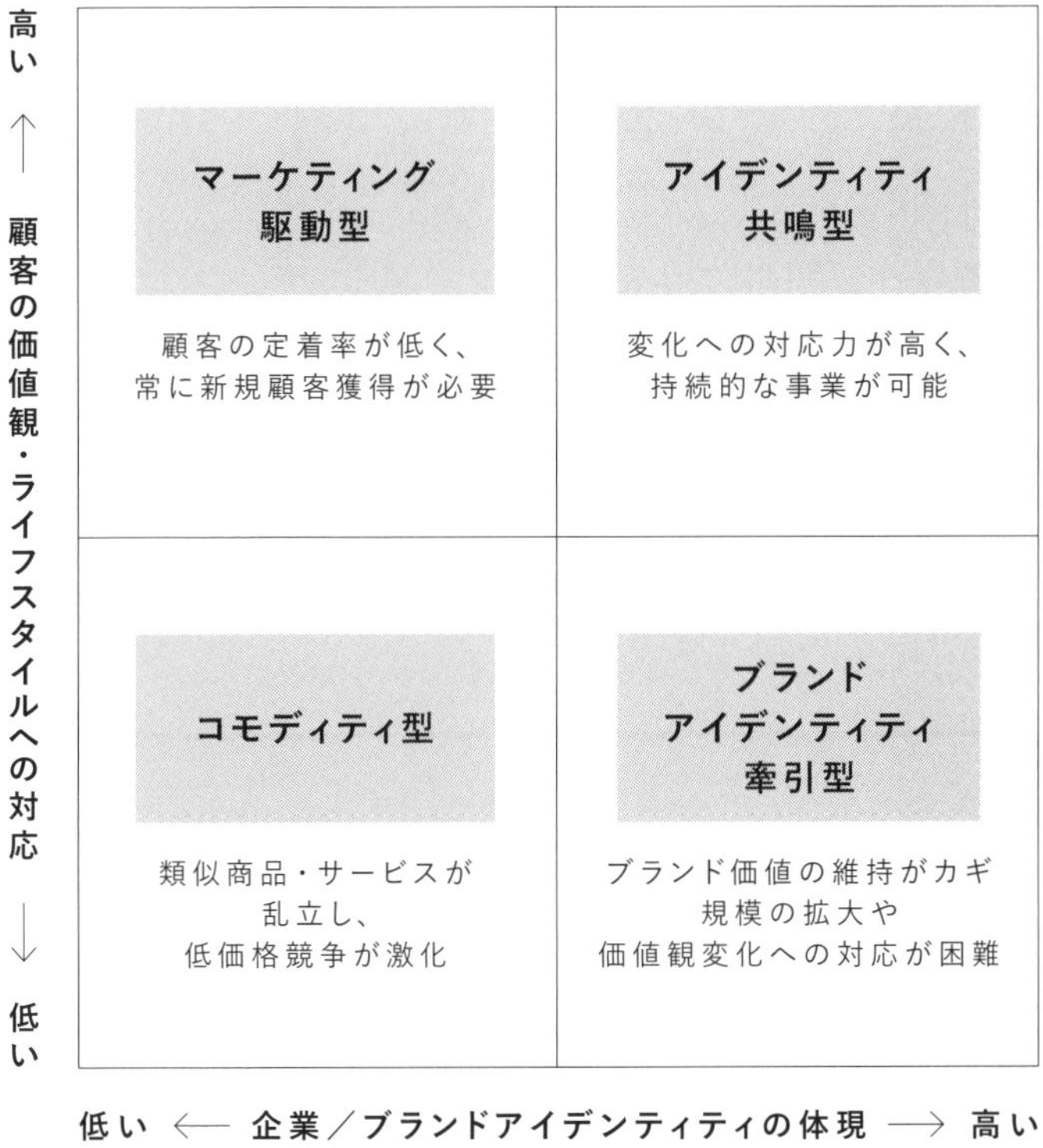

シャン市場と呼ばれるビジネス群だ。新規事業は、ここではないタイプを目指すべきで、その方向性は以下の3つのモデルに分類できる。

1　マーケティング駆動型

現代の顧客が持つ価値観をうまく捉え、新たなライフスタイルに対応した製品・サービスの開発を目指すモデル。それが図中左上の領域に当たる「マーケティング駆動型」だ。大量のデータをＡＩなどで解析して顧客ニーズを捉え、新たにデジタルを起点としたサービスを生み出す。ネットフリックスや楽天といったウェブサービスの先駆者やプラットフォーマーがこのカテゴリに当てはまる。

このカテゴリに分類される企業・ビジネスは、顧客のニーズに沿った商品・サービス開発は行えているものの、模倣性が高いため新規参入を生みやすく、企業としてのアイデンティティを十分に確立できないと競争にさらされやすい点に注意が必要だ。

既に言及しているが、過当競争を生みやすいこの領域で勝ち抜くには、広告の大量投下や同業他社の買収を行えるなどの資本力が必要となる。また、顧客ニーズを素早く読み取りながら他社との事業連携を図るなど、新しいサービスを次々と展開する必要があるのがこの領域だ。このサービス展開競争に敗れてしまうと、下の「コモディティ型」に落ちてしまう危険性がある。

2　ブランドアイデンティティ牽引型

自社のブランド力に基づいた高い付加価値商品と、ブランドが発信する魅力的な世界観を通じて顧客に「憧れ」を抱かせ、他社製品・サービスとの明確な差異化を実現しようとする事業モデル。アパレルや自動車メーカーなどにおける、いわゆる「ハイブランド」がこれに当たる。

高い顧客単価を期待できるため、高水準のＬＴＶを目指せる。とはいえ、企業のメッセージを浸透させてブランドとして認知されるまでのハードルが高く、自社商品の希少性を維持するために生産をあえて絞る必要があるなど、規模の拡大が難しい。また、マーケティングや商品開発の手法は典型的なプロダクトアウト型である場合が多く、顧客の価値観変化への対応が難しくなり時代に取り残される危険性をはらむ。

3　アイデンティティ共鳴型

生活者が大切にする人生の価値観やライフスタイルを深く理解すると共に、企業が持つブランドアイデンティティに沿った商品・サービスの開発・提供を目指すモデル。商品を販売して終わりではなく、顧客となった生活者との長期的な関係作りのため、さまざまなコミュニケーションの仕掛けなどを用意するのが特徴で、顧客と企業が互いに影響を受け合い、与え合う関係性の構築を目指す。

企業と顧客との長い付き合い、高いロイヤルティがあるからこそ可能なプロモーションを実現することで取引期間や取引頻度を高め、ＬＴＶの向上を図るモデルだ。ファンを生み出し、ファンを成長させることで事業も成長するという循環型のビジネスモデルと言えよう。

近い価値観を持つ者同士が、互いに共感を増やしていきながら事業の継続的な成長を目指すことから、当社では同じ周波数の音が互いに響き合う様子をイメージし、本モデルを「共鳴型」と名付けた。では、どうすればこの共鳴型事業を構築できるかをここからは論じていきたい。

ものづくりと向かい合い、顧客と向き合うライカ

価値観を共有できる顧客との関係強化を行い、ＬＴＶの向上を目指すアイデンティティ共鳴型事業。当社はこれまで、数多くの企業の取り組みを支援すると共に、その実現に成功した事例などを調査・分析してきた。

アイデンティティ共鳴型事業を成功に導くためには、「生活者の価値観への対応」

が必要であると先に述べたが、〝対応〟の内容は、大きく3つに分けられる。それは、①顧客が大切にしている価値観・ライフスタイルの理解、②顧客と企業との交流・対話の深化、③顧客の成功を支援するカスタマーサクセスの実現、である。

この3つとは、具体的にどのようなことなのか。ドイツのカメラメーカー、ライカを例に取り、その取り組みについて紹介しよう。

1台100万円を超えるハイエンドなデジタルカメラ「Mシリーズ」を主力商品とするライカ。高額ながらも、そして銀塩カメラから流行り廃《すた》りの激しいデジタルカメラの時代に移行してもなお衰えない人気の要因は、ライカのカメラが持つ独特の「画作り」といったノウハウや技術面の優位性にあるのはもちろんだが、顧客からのブランドに対する信頼感に支えられている部分も大きい。

そのライカブランドへの信頼感の礎《いしずえ》となっているのが、「写真の楽しさを追求する」という、生活者の価値観を理解した上でのブランドとしての約束事だ。カメラのような精密機器のものづくりにおいては、センサーの画素数やレンズの明るさといったスペックを追求することはもちろん大切。しかしそれ以前に、写真を撮る行為は楽しくあるべき。こうした生活者のライフスタイルを、商品を通じてどう実現するかにライカは多くのリソースを割いている。

「卓越した職人技と人間工学の結実で最高品質の商品を作ること」を信条とした同社の強みは、カメラを手にしているだけでも喜びを感じてもらえるような精密で精巧な操作感覚や質感、シンプルさを際立たせる削り出しによるエッジの立った外観といったデザインと感性面の作り込みに発揮され、生活者の「カメラを楽しみたい」という価値観を理解し、それを刺激するものづくりを行っている。

持つだけで満足感と愛着を感じられるカメラを片手に、憧れの著名カメラマンやエッセイストさながらの街歩きを体験できる。旅行の思い出を記録する信頼できる相棒として常に携えていられる。そんなライフスタイルを実現してくれるのが、ライカなのだ。

さらに、生活者の価値観を理解して事業を行う姿勢はものづくりだけにあるのではない。

顧客が自分の創造性を発揮して良い写真が撮れるよう、商品購入後の啓蒙、アフターサービスなどの観点から、さまざまな仕掛けも用意。例えば写真雑誌を自社で発行し、写真そのものの魅力を伝える試みを長年にわたって続けてきた。現在はインスタグラムをはじめとするＳＮＳへの投稿も、商品情報よりも写真家の作品掲載が目立つ。「ライカで撮影した写真の魅力」を通じて企業のメッセージやものづくりへの思いを伝えること、良い写真を撮ることへの憧れを醸成し、こんな写真が撮りたいと考えるユーザーの感性に訴えかけることを徹底している。

また顧客と対面する販売スタッフは「ライカが好きであること」を条件として集められ、さらに社内で定期的に開催する「写真の楽しさとは何か」を議論するワークショップなどを通じて、写真を撮ることを楽しみたいという顧客の思いに寄り添えるよう教育を受けている。

直営店舗で顧客と企業との交流・対話を深化

同社は近年、自社運営の写真ギャラリーを世界中で展開し、プロフェッショナルの写真家や芸術家、写真に造詣の深い著名人のさまざまな写真家の個展を常時開催する試みを始めとしたイベントを積極的に行っている。個展を開く写真家とそれを見に来たライカユーザー、そしてライカのスタッフとの交流の場を数多く設けることで、全員が同じ目線でライカの世界観を共有し魅力を追求する機会を積極的に生み出した。

2006年から直営の店舗運営を開始したのも、同様にライカの世界観や魅力を顧客と共有することが狙いだ。世界1号店である銀座店を皮切りに、今や日本国内で11店舗、世界中でおよそ50の直営店を運営。そこでも「写真の楽しさを伝える」というミッションは変わらず、フォトジェニックな美しい風景の中にある場所を選んで出店し、立地を生かした撮影会や、写真講習会も頻繁に開催する。

結果、ライカはユーザーとの相互のコミュニケーションを通じてより多くの「写真を撮ることを楽しむ体験」を共有できるようになった。さらに、顧客とメーカーで目線を合わせてブランドの価値観を共有することで、顧客のリアルなニーズを浮き彫りにし、それを商品開発やサービスに反映させるケースも多数生まれているのだという。

例えば、白黒写真しか撮ることができない「ライカM10モノクローム」や、あえて液晶画面をカメラから排除してフィルムカメラ時代の「現像してみないと仕上がりが分からない」緊張感ある撮影体験ができるモデルの発売などだ。機能や性能起点ではなく、写真を撮る体験を軸にした挑戦的な商品ラインナップを市場に送り出すことに、同社は今次々に成功している。

楽しい撮影体験のためにあえて機能を絞る、といったリスクの高い商品開発ができるのも、普段からユーザーの声を拾い上げる仕組みが出来上がり、そのニーズが見えているからこそ。「ライカが考える楽しい撮影体験」とは何か。メーカーの思いをユーザーと共有し、共鳴させることで、他社にはないライカだけが成し得る体験を生み出しているのだ。

リセールバリューの高い製品を買い替えながら継続してライカを使っていくユーザーのライフスタイルに着目し、2021年末にはカメラメーカーとしては珍しい試みである、中古品を買い取り認定品として販売するサービスを開始。ライフスタイルに合わせ、ブランド体験を日々アップデートできるようなサービス作りを自在に展開している。

ライカが提供するカスタマーサクセスの実現

生活者が自分のライフスタイルの中で何を大切にしているかを理解し、顧客との相互の交流が可能になった。この2つの取り組みを経て、最終的にライカは、生活者が暮らしの中で実現したいことや成し遂げたいことに寄り添う「カスタマーサクセス」の実現を提供することができるようになる。

アイデンティティ共鳴型の事業において大切なのは、作った商品を「売る」、用意したサービスを「使ってもらう」という従来のビジネスの枠を超えた、新しい価値の提供である。

カスタマーサクセスとは、企業が顧客に提供した商品・サービスを通じて顧客を支援し、成功体験に導いていくこと。ライカの例では「ブランドと一丸となって写真の魅力や、写真を撮る楽しさを追求しながら、自己表現をサポートしてもらえること」となる。ライカの商品・サービスを通じて、より自身のアイデンティティを体現した豊かで充実した人生を歩めるようになること。長期的な顧客との関係を築き、アイデンティティ共鳴型事業を実現するために最も重要なポイントが、このカスタマーサクセスの実現と言えるだろう。

デジタル化で見えなくなる顧客、変容する生活者の価値観

このように、アイデンティティ共鳴型事業は、「生活者の価値観・ライフスタイルの理解」「企業と顧客の交流・対話」「カスタマーサクセス」という3つの要素によって形成されていると考えられる。そして近年では、これらの要素に加え、新たに掛け合わせになるもう1つの視点が生まれてきた。それが「デジタル技術の活用を前提とした新しい価値作り」だ。

デジタル技術の進化に伴い、デジタル技術を活用し、これまでにない商品・サービスを提供することが企業にも求められるようになってきた。今や新規に事業を起こそうと考えた場合、ECやSNS、ライブコマースなどを通じて顧客と直接つながるデジタル技術の活用なくしては成り立たない。そして実はこのアイデンティティ共鳴型

事業は、こうしたデジタル技術を活用した新規事業でこそ真価を発揮する。

ただ、それにはリスクもある。デジタル環境下のビジネスでは、顧客の属性情報や大量の購買履歴データ、そしてそれを分析するＡＩというように、マーケティングにおけるデータ分析環境が十分に整備されていると考えがちだ。しかし、そうした中で新規事業を立ち上げようとした場合、ＡＩ環境が整備された企業であればあるほど逆に顧客の本当のニーズが見えなくなる危険性をはらむという、逆説的な現象が起こっているのだ。

ＣＲＭ（顧客関係管理）やマーケティングＡＩを活用して顧客の隠されたニーズを自動的に取り入れる行動の仕組み化は、顧客の買い合わせを推進するリコメンド機能のように短期的な行動分析に絶大な力を発揮した。

一方で、マーケターたちはその力に頼って大量の顧客データを見ることに精一杯となり、実際にその先にいる「人」を見なくなってしまうという現象が起こっている。データに顧客の全てがあると思い込み、実際にそこにいる顧客と直接交流をしなくなる。結果、誰も「結局自分たちのお客さまはどういう人なのか」が分からなくなる、という事態に陥るケースが多い。

自社の顧客像や、商品・サービスに対する根源的なニーズが分からない企業は、最終的に他社の事例に活路を見いだし、冒頭で解説したように顧客の表層的なニーズだけを捉えた目先の売り上げ重視の商品・サービスを作ってやりすごそうとしてしまう。結果として、市場には判で押したような商品・サービスがあふれかえり、中長期的には企業の「企業らしさ」や「アイデンティティ」は失われていく。

デジタル化が起こしてしまうこのような悪循環を防ぐために重要なのが、企業が自社のアイデンティティをきちんと定義するのと同様に、そのアイデンティティに共鳴してくれる顧客の姿を再定義していくことだ。自分たちの顧客の価値観や、彼らが求めているものが分かれば、企業が向かうべき事業の方向性もおのずと見えてくる。

一方、本書の冒頭でも触れたが、刻一刻と激しく変わる社会状況下で、顧客が持つ価値観はここ10年で大きく変わり始めた。これまでのマーケティング理論が定義していた顧客の価値観とはズレが生じ始めており、自身の顧客がどんな価値観を持つのか、また生活者全体の価値観がどのように変化しているのかを改めて知る必要が出てきた。その変化をどのように捉えていけばいいのか、人々の新たな価値観の台頭と、その捉え方について、次の章で説明していきたい。

第2章

生活者のアイデンティティを知る

新規事業を〝他社との差異化に至らない過当競争〟から遠ざけ、成功に導くためには、顧客との強いエンゲージメントに基づく継続的な事業＝アイデンティティ共鳴型事業を目指すべきだと、前章で述べた。そのプラン作りの第1ステップが、顧客が大切にしている価値観・ライフスタイルの理解である。

スマートフォンを常に手にして行動する生活習慣、ＳＮＳでの「ゆるいつながり」という新しい人間関係、デジタル技術を使うことで生まれた新しいライフスタイル――。こうした変化に加え、気候変動や環境汚染といった社会問題への関心の高まりなど、この10年で生活者の価値観は大きく変化した。コロナ禍での外出自粛という非日常状態が続く生活体験は、さらに大きな価値観の変化をもたらした。そして今後も、さまざまな変化が生活者の価値観を変えていくであろう。

当社では、そうした価値観の変化を、さまざまな消費トレンドや事実から検証し、新たな消費者の価値観モデル「Human & Valuesフレームワーク」を開発した。目の前で変化を続ける消費者の価値観を正しく、そして深く理解することが、アイデンティティ共鳴型事業の創造には欠かせない。常に価値観の変化を的確に捉え、顧客ニーズに応え続けていくことこそがアイデンティティ共鳴の本質と言える。本章では、そうした顧客の価値観分析・洞察の方法と、その結果をどのように新規事業開発にフィードバックするかについて論じていく。

デモグラフィックデータだけで顧客は理解できない

「ジェネレーションZに響く商品とは何か?」「シニア層が求めるサービスとは?」

「富裕層を取り込むためには?」——。かつてマーケティングでは、年齢、性別、家族構成、年収、ライフステージなどといったデモグラフィックデータで対象を絞り、その琴線に触れるサービス・商品を考えることが〝絶対の正解〟だった時代がある。さほど昔のことではない。ところが、こうした定量的なセグメントによるアプローチでは、正解を得られないケースが増えている。一体何が起きているのだろう? 結論を先に言えば、「価値観の多様化」や「世代を超えた共感の広がり」などにより生まれた「表層的なデータ分析によるマーケティングが通じづらい市場」への変化だ。

日用品の商品レビューから教育サービスの評判まで、あらゆる分野の評価が専門のクチコミサイトなどで確認できる。ツイッターやインスタグラムをはじめとするSNSを通じて誰とでも意見交換ができる。

社会のデジタル化の進行を背景として、多様な価値観を有する人々が、各々の自己表現をできる時代になり、生活者が求めるライフスタイルの多様化・複雑化が進んでいる。そこでは、商品やサービスを選ぶ際、それが生活者それぞれの価値観に合うものか、より快適な生活や自分らしいライフスタイルをもたらしてくれるものかが、ますます重要になっている。

また地球環境や健康への関心、人道的で倫理的なサプライチェーンやビジネスモデルへの要求など、生活者はよりエシカル（倫理的）な消費を求める性向を強めている。このように震災やコロナ禍などさまざまな経験を契機として、人々の価値観や行動様式は大きく変化した。

そのような社会変化の中で企業が新たに立ち上げようとするビジネスでは、より深くユーザーを捉えた上での商品・サービスの開発や事業モデルを考えることが重要になってくる。

顧客との長期的な関係性を築くことを前提とした「アイデンティティ共鳴型」事業では、特に深い顧客理解が必要になる。これまでのマーケティング活動で行っていたような性別や年齢・居住地域・所得・職業・家族構成といったデモグラフィックデータで生活者をセグメントするだけでは十分とは言えない。生活者の背景にあるストーリーを理解できないからだ。顧客が自社の商品・サービスを通じてどのようなことを実現したいのか、顧客にとっての成功体験（カスタマーサクセス）は何なのか、その最終的なニーズを掴むには、顧客一人ひとりの行動の背景にある価値観やライフスタイルまでの理解が必要になる。

近年は同じ世代の中でも価値観が多様化している。例えばジェネレーションZと呼ばれる若い層の全てが全く同じ消費性向を持っているわけではない。逆に、ある価値観を共有する顧客層が必ずしも1つの世代のみに存在するというわけでもない。ファッションやエンターテインメント分野での昭和レトロ回帰や、任天堂のゲーム「ポケットモンスター」の人気のように、世代をまたいで同じ体験や価値観を共有しているケースは少なくない。デモグラフィックデータだけに基づいた生活者の嗜好分析は、顧客層のミスマッチを招く可能性がある。

購買データによる顧客理解の限界

ＰＯＳ（販売時点情報管理）データを基にした購買履歴や、店舗への来店情報、ＥＣサイトでの顧客の購買履歴など、デジタル化によって膨大に取得できるようになった購買データに基づく顧客理解にも限界がある。顧客が本当に求めているものや、まだ意識できていないニーズを探り出すことはできないからだ。

アマゾンのサイトにある「この商品を買った人はこんな商品も買っています」という売り方をするリコメンドなど、既にある商品を拡販することは可能である。ただ、それはあくまでも既存の商品に関する情報、購入した事実を伝える情報にすぎない。

例えば顧客の満足レベルまでを判別するには、もう一歩踏み込んだデータが必要になる。

当該顧客がそのサイトで見せる行動に基づいた情報でしかないことも購買データの弱点である。サイト外での行動や嗜好が分からなければ、顧客自身が知らない商品、まだ存在していない商品は提案できず、「自分が欲しかったのはまさにこれ」と思わせる体験には結び付けられない。

もう1つ、データ量の増加に伴って、分析のブラックボックス化が進み、かえって顧客理解から遠ざかってしまうというリスクもある。昨今では多くの企業がデジタルマーケティングツールを導入し、行動データをＡＩに学習させ、リコメンドを自動化する例が増えている。実はそうした企業の多くが、顧客理解の仕組みがブラックボックス化され、かえって顧客の理解を深められないという事態に追い込まれている。

顧客の行動データから自動的に次の行動を予測してリコメンドすることはもちろん必要である。ただ、それにとどまらず、既存顧客はもちろん、潜在顧客までを対象に、人が理解できるフレームでニーズを捉え直す作業も同様に実行していかなければなら

これからの時代に求められるマーケティングデータ

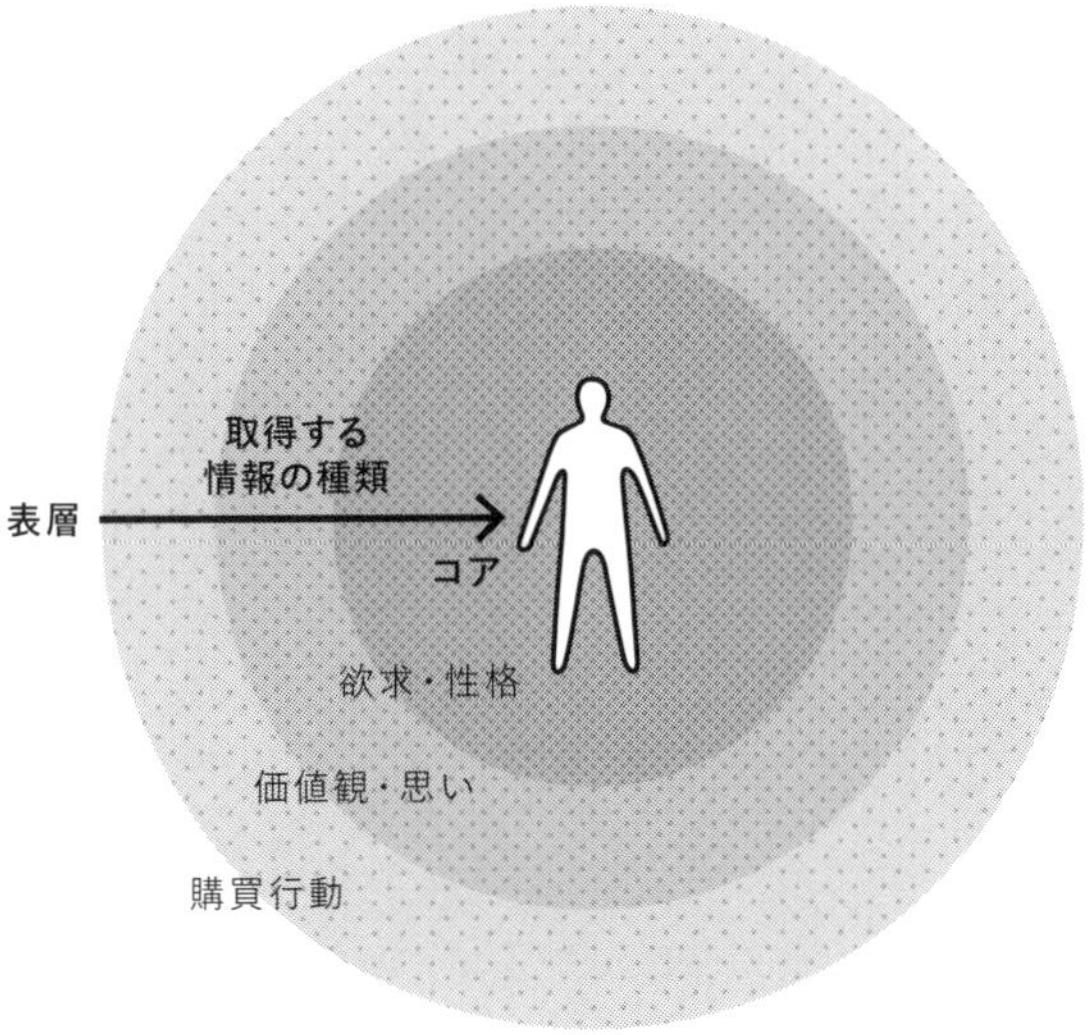

	これまで	これから
	購買行動	価値観・思い
取得するデータ	EC／店舗での購買履歴や来店情報	顧客が大切にしている内面的な情報
データの活用例	リコメンドやサイト・売り場作り	持続的な関係性を生み出す事業の創出（LTV向上）

ない。

これらの表層的なデータがアイデンティティ共鳴型事業、及びＬＴＶの向上に結び付きにくいのには理由がある。これらは顧客の過去のデータであり、必ずしも未来の行動や継続性を示すものではないからだ。では、顧客の未来予測にかなう指針とは何か。それが顧客の「価値観・思い」だ。ＰＯＳや購買履歴が顧客の消費の表層だとすれば、こうした「価値観・思い」はコア部分に近い（73ページの図参照）。顧客との共鳴を長く継続させる商品開発・サービス施策を進めるためには、よりコアに近いデータを取得・活用することが重要になってくる。新しい時代のマーケティングを行うためには、表層的な定量データだけでは足りない。

これまでの考え方で説明できない「一人キャンプブーム」

ここで、デモグラフィックデータや従来型のマーケティングデータ分析では顧客ニーズを捉え切れない、その事実が顕在化した典型的な事例として、「一人キャンプブーム」を紹介する。

一人キャンプの様子を映した動画がSNSなどを通じて流れ、これに共感した人々が、それを真似て一人キャンプを体験し、またその動画を流すという事象が繰り返し起こった。さらには一人キャンプをテーマとした漫画が登場し、その話題を通じてファンがさらに「共感」を伝えるといったことが重なって、同じ価値観を持つ人たちが次々につながっていった。こうして世代や属性というマーケティング的なセグメントにとらわれず、幅広い層に浸透した。

従来のマーケティングの考え方では、世代や性別、その他何らかの顧客の共通点を見いだすのが定石である。例えば女子高生を中心とした若者を想定し、その年齢層・性別を狙った仕掛けを作り、それがメディアを通じて流されることなどで興味を喚起された他の世代にも広がっていく、というようなやり方が主流だった。

これに対して一人キャンプは、支持層を見ても、共通点がはっきりしない。このため、人々が一人キャンプのどこに魅力を感じたのか、従来のマーケティングの考え方では説明をつけにくい。

この、これまでにない「価値観」を理解するためのキーワードは「一人」である。誰もがスマートフォンを手にし、SNSやチャットなどのコミュニケーションツールを利用できるようになったことで、人々はいつでもどこでも人とつながれるようになった。それは一方で、〝SNS疲れ〟を生じさせ、つながりから逃避したいという願いを生むことになった。

現代の人々はインターネット上の情報を浴び続け、ネットの人間関係に縛られ続けるなど、ほんの10年ほど前と比べてもコミュニケーションの方法や質が大きく変わった。さらに震災や温暖化の影響など環境問題と絡んだ災害を多く経験し、民族や人種・ジェンダーにまつわるさまざまな考え方も同時に大きく変わった。現代人が持つ価値観自体もここ10年で大きくアップデートされた。

「自分一人だけでいられる環境で、静かに考えをめぐらせる時間が欲しい」
「喧騒をすべてシャットアウトして自分を見つめ直したい」
「仕事や人間関係ですり減った自分を取り戻し、感覚を鋭く研ぎ澄ませたい」

これは、特にビジネスの最前線に立っているビジネスパーソンから生まれた、極めて現代的な価値観と言える。

「欲求」から「価値観」のレイヤーへ

ライフスタイルの変化により新たな価値観が生まれるなら、反対に忘れ去られていく価値観もあり得る。そうして人々の価値観は時代と共に移り変わることになる。アイデンティティ共鳴型事業を目指すには、常に価値観の変化を的確に捉えておかなければならない。そこで当社では、これまで使われてきた価値観モデルを見直した。

マーケティングの世界で、人間がどのような原理や価値観に基づいて行動するかを説明する根拠として多くの人が頼ってきたのが、人間の欲求をベースにした消費行動理論である。

例えば、20世紀中期に活躍した米国の心理学者、アブラハム・ハロルド・マズローが唱えた「マズローの欲求5段階説」がある。マズローは、人間の欲求を5段階のピラミッドにたとえ、下階層から順に「生理的欲求」「安全欲求」「社会的欲求」「尊厳欲求（承認欲求）」「自己実現欲求」と名付け、低層の欲求が満たされるごとに、1つ上の欲求を持つようになると指摘した。

そして当社では、欲求に基づく短期的なニーズから一歩踏み込み、人々が行う持続性の高い行動につながる「意識的に大切にしている価値観」のレイヤーについての洞察を進めた。一般に、価値観については、2012年、米国の社会心理学者であるシャローム・H・シュワルツが長年の研究成果をまとめた「価値観理論（Basic Human Values）」が参考にされることが多い。

シュワルツの価値観理論では、人間の欲求を、「達成」（自身の能力を高めたり発揮したりすることで、個人的に成功したいという欲求）、「権勢」（社会的地位や名声、優遇を得て、その立場から他人を支配したいという欲求）、「快楽」（今この瞬間の個人的な満足や喜びを得て楽しみたいという欲求）、「刺激」（興奮、新しいもの、人生における「チャレンジや変化への欲求」などをはじめとし、10個に分類している。人のモチベーションや行動様式がどのような考え方や欲求に基づいているかを知り、消費の根本要因を探ることで、企業は顧客の潜在ニーズや実現したいカスタマーサクセスを理解し、どんな顧客層に向けて自社サービスを提供すればいいのかを推測できる。

ただし、シュワルツの価値観理論が発表されてからかなりの時間が経過し、その間に社会は大きく変容した。人々の価値観もそれに併せて変化している。ネット社会が浸透し、人と人とのコミュニケーションの濃度とスピードは爆発的に増した。自分と社会との関係、自己と他者とのより複雑な関係の中でどのようなライフスタイルを貫きたいか、どのような生き方を望むのか、シュワルツの時代にはなかった「複雑な他者との関係性」を軸とした新しい価値観が生まれてきた。

さらにコロナ禍や災害、ＳＤＧｓ達成への意識など、近年の社会の変容によって人々は、個人的な目標の達成よりも他者とのつながりを強く求めるようになり、今この瞬間よりも将来の社会の在り方を視座に据えた価値観へと変化している。

新たな時代における14の価値観

　こうした現在の生活者の価値観は、シュワルツの価値観理論では十分に説明できない。そこで当社は、シュワルツのモデルをベースに、数多くの有識者と議論しながら、近年のさまざまな消費者の行動変化のシグナルとなる事例を収集。その中で特に変化の大きかったトレンドや社会現象などを抽出して分析し、シュワルツの価値観との関連付けや比較を行った。シュワルツの定義した価値観と結び付けられたものは、定義内容を更新。結び付けられないものは新たな価値観として付け加え、「14の価値観」に再整理した。

　我々が示す「14の価値観」は、自己、他者、社会という3つの分類をベースに、新しい時代における人の行動起点、行動を促す要因を網羅・整理したものである。「その人は何を大切にして行動、消費する人か?」「今なぜこのような現象が起きているのか?」などを読む有力な分析モデルになる。これを我々は「Human & Values フレームワーク」(以下H&V)と名付け、様々な新規事業創造に活用している。以下にその概要を示した。

1 安全で健康に過ごしたい(Being Safe & Well)

充実した生活を送るために、安全かつ健康でありたいという価値観。新型コロナウイルスによるパンデミックは、健康とウェルネスに対する不安を増幅させた。健康を維持することが彼らの最大の関心事になっている。

2 休息したい(Time Out)

仕事や家庭など、日常から切り離された余暇を大切にしたいという価値観。コロナ禍は人々の生活習慣を崩し、時間に対する認識を一変させた。「休息したい」という価値観を持つ彼らは、ロックダウン中の単調な生活リズムから脱却し、自分自身を回復させるための新しい方法を探している。

3 愛着を持ちたい（Creating Attachment）

自分が体験したこと、所有するものに意味や価値を感じて大切にしたいという価値観。予測不能な現在の状況は彼らに、意味のある体験や、古いまたは新しいものによって癒されたいという欲求を生み出している。

4 好奇心を満たしたい（Feeding Curiosity）

新しいものへの好奇心を満たす、自身の知識欲を満たすための「発見」を大切にするという価値観。新しいものへの好奇心や発見は、人を豊かにする。身体的な体験が制限されたロックダウン期間においては、インターネットが外の世界とつながる手段になった。

5 創作したい（Make Things）

自分の創造性を表現したい、という価値観。彼らは新しく生まれた時間で、何かを作ることの楽しさを見いだした。日常生活の中で喜びを感じる手段として、クラフトや趣味を模索している。

6 自己を強化したい（Self Enhancement）

自分の成長のために新しいスキルを学ぶことを大切にする価値観。社会から求められるスキルが変わり続ける中、オンライン化が進行したことにより、新しいツールを使用して自分自身のスキルを高める機会を得ている。

7 共感したい／されたい（Emotional Empathy）

自分や他人の感情に触れることを大切にする価値観。瞑想やマインドフルネスなどを通し、自己と向き合うと共に、人々の感情や周囲の状況を理解することで、彼らは自分自身の感情や行動をコントロールしている。

8 個人の自由を大切にしたい（Personal Freedom）

自分の自由と、自分で決定できることを大切にする価値観。コロナ禍により自由の大切さに気づいた彼らは、住む場所、働く場所、自分たちのデータに対して、自分自身で選択できることを大切にしている。

9 自分を表現したい（Expressing Identity）

自分が誰であるかを受け入れられることを大切にする価値観。世界が今まで以上に分裂する中、自分自身のアイデンティティ（性別や文化など）を自由に表現できることがより大切になっている。

10 親密な関係を築きたい（Close Connections）

親密な人間関係を大切にする価値観。周囲の人たちはこれまで以上に大切な存在であり、不確実な時代に癒しを提供してくれる。それを知っている彼らは、孤独と闘う方法を求め、愛する人たちとより深くつながる方法を模索している。

14のHuman Values

網羅性のある人の本質的な価値観

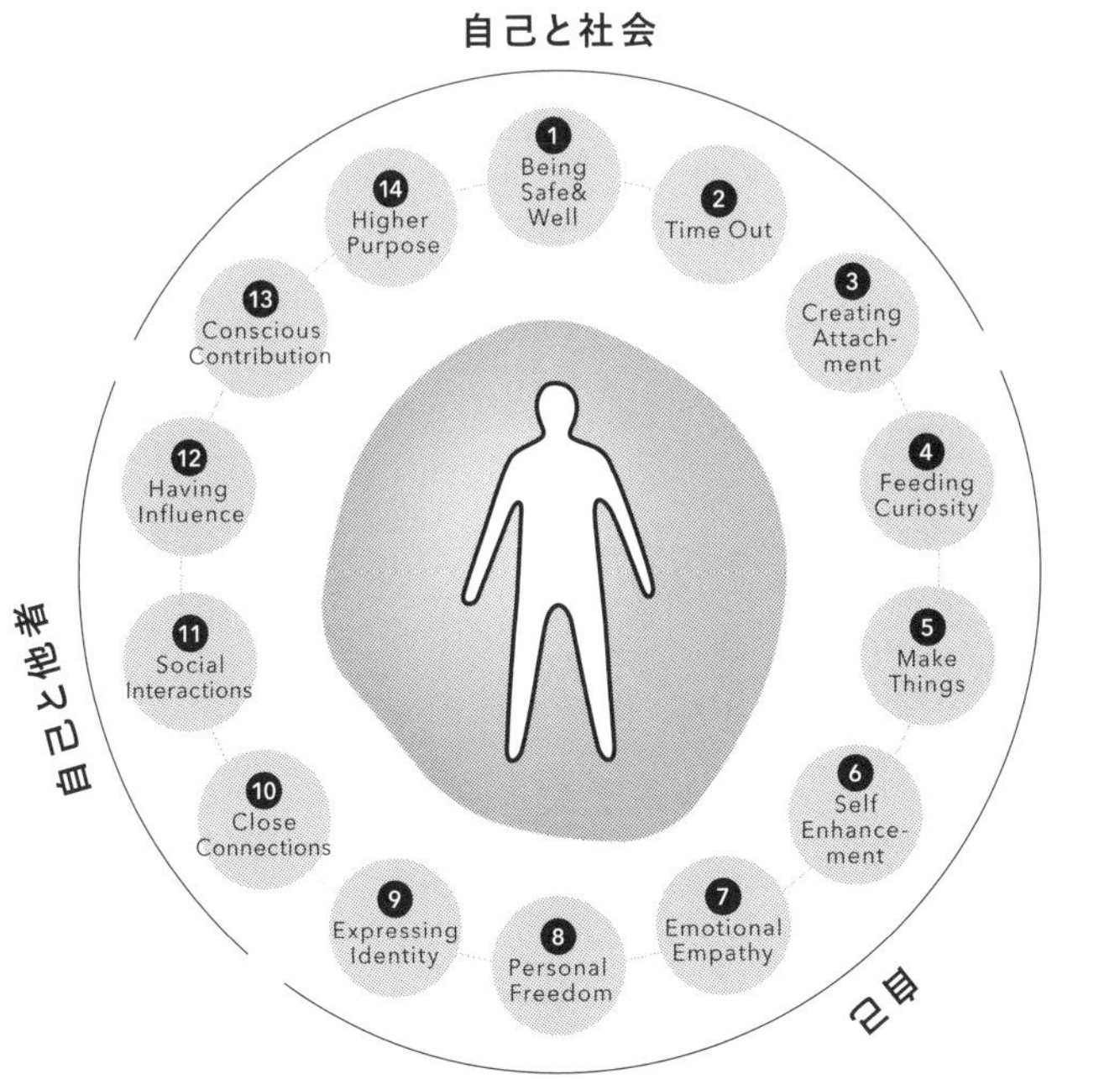

自己と社会	自己	自己と他者
❶ 安全で健康に過ごしたい	❹ 好奇心を満たしたい	❿ 親密な関係を築きたい
❷ 休息したい	❺ 創作したい	⓫ 社会と交流したい
❸ 愛着を持ちたい	❻ 自己を強化したい	⓬ 影響力を持ちたい
⓭ 恩返ししたい	❼ 共感したい／されたい	
⓮ 高い目的を持ちたい	❽ 個人の自由を大切にしたい	
	❾ 自分を表現したい	

※14の価値観に関する詳細は、Ridgelinezの「Human & Values 2023 Annual Report」を参照
https://www.ridgelinez.com/contents/insight/human-and-values-report-2023/

11 社会と交流したい（Social Interactions）

社交的で、自分と共感できる人たちを大切にしたいという価値観。他人と新たに出会う機会は、コロナ禍の影響により、十分に満たされているとは言えない。彼らは、社会との関係を持つための新しい方法を探求し、自分が帰属する場所を探している。

12 影響力を持ちたい（Having Influence）

他人から認められ、信頼されることを大切にする価値観。そんな価値観を持つ彼らは、権力や発言力を持つ支配者とその影響について疑問を抱き始めている。信頼は簡単に失われてしまうため、誰に価値のあるデータや情報を提供するかを慎重に検討している。

13 恩返ししたい（Conscious Contribution）

自分以外の存在に恩返しをしたり、気にかけたりすることを大切にする価値観。個人で解決するには大きすぎるグローバルな社会問題に対し、共同で解決するために団結する。

14 高い目的を持ちたい（Higher Purpose）

自分よりも大きなもの、例えば信仰や信念など、信じることを大切にする価値観。こうした人たちは不安定な時代、必要なときに答えや慰めを提供してくれるガイダンスを欲している。

14の価値観で読む「一人キャンプブーム」

先ほど「これまでの考え方で説明できない」とした「一人キャンプブーム」。ブームが起きた要因を14の価値観で考えてみよう。静かに一人だけでキャンプをしたいという行動の先には、2の「休息したい」という価値観が見え隠れする。世代・性別に関係なく増えている現象であっても、価値観の共通性で見ることによって説明がつく。

14の価値観は、消費者ニーズを探るツールとして有効だ。例えば、3「愛着を持ちたい」を重視している人なら、長い付き合いを大切にするためにメンテナンスのサービスを充実させてほしいと考えるかもしれない。また、4「好奇心を満たしたい」を重視する人なら、自分が愛用する商品・サービスがなぜ生まれたのか、どのように作られたのかなど、その背景をもっと知っておきたいと考えるだろう。価値観をベースに考えることで、より実践的なアイデアを得ることができる。

5つに分けられる現代人のクラスター

H&Vの「14の価値観」をより新事業創造のための顧客インサイト分析に生かすために、当社では2022年、日本で生活する5000人に対して、「日頃から意識している価値観」を調べた。調査対象者に14の価値観について日頃からどの程度意識しているのかスコアリングしてもらい、傾向分析を行ったのだ。その結果、見えてきたのが5つの特徴的な行動様式を持つクラスター(集団)があること。その5つのクラスターを以下にまとめたが、これらを深掘りしていくことで、顧客の行動特性や潜在ニーズを人起点で予測することも可能になる。

クラスター1　影響力を持つための社会交流

流行やトレンドに敏感な彼らは、テクノロジーの発達や、社会と環境の変化によって現れた新たな取り組みに対して積極的な集団と言える。比較的若い世代が多い一方、企業のエグゼクティブなど高所得者層が多いのも特徴。社会や周囲の人との関係、他者への影響力を意識し、コストパフォーマンスよりも、その先で得られる体験を重視した購買行動やサービスの選択を行うことが多い。

関連性の高い価値観＝10「親密な関係を築きたい」
11「社会と交流したい」
12「影響力を持ちたい」

象徴的なビヘイビア＝「多世代コミュニティとの交流」

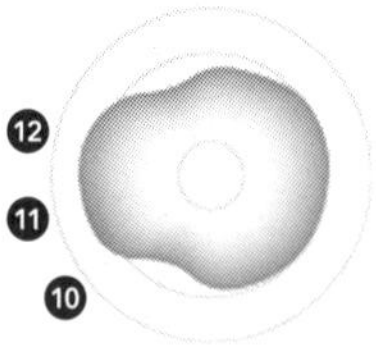

「テクノロジーを活用した新たな領域の創作」
「仮想空間での交流」

クラスター2　親密で信頼できる身近な幸せ

「家族」を原動力に行動する彼らは、家族の健康や安全を最も重視し、リアルな人を介して信頼関係を構築する。逆に、それ以外の対外的なコミュニティや情報には関心が薄く、最新のデジタルツールにも保守的。一方で、フードロス対策など、手の届く範囲の社会課題には積極的に取り組む。

関連性の高い価値観＝1「安全で健康に過ごしたい」
8「個人の自由を大切にしたい」

10「親密な関係を築きたい」

象徴的なビヘイビア ＝「自身での意思決定を重視して生活」
「フードロス削減への貢献」
「信頼できる人を介した利用」

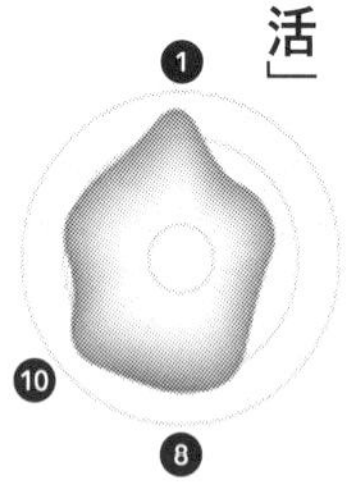

クラスター3　実感できるつながりのある暮らし

親しい人との関係性を深めることを大切にする彼らは、身近な人たちと協力し、共に生きていく上で生まれる幸せを大切にする。たくさんの人たちと関わって幸せや共感を求めるより、身近に関わる人の存在を感じ、目の前のことに丁寧に心を注ぎたいと思っている。そのため、深く狭い人間関係を大切にしており、親しい人のための出費を有意義と感じ、積極的に応援する。

関連性の高い価値観＝1「安全で健康に過ごしたい」
2「休息したい」
10「親密な関係を築きたい」

象徴的なビヘイビア＝「応援のための投資」
「コミュニティごとの複数の自分」
「安心して発言し合える気遣いへの意識」

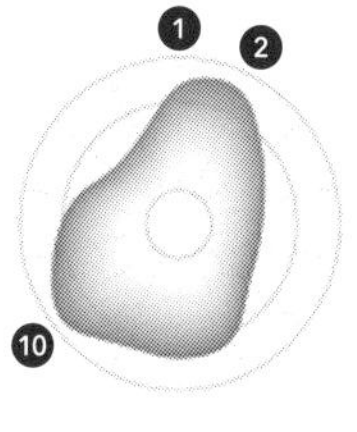

クラスター4　高い目的や信念の追求

社会的意義があることへの貢献意欲を持つ彼らは、高い目的を持って行動することを望んでいる。ただし、勇気を持って行動するには不安があり、信頼できるオピニオンリーダーを見つけ賛同する形で行動をしたいと考えている。ありのままの自分でいることや自分を表現することに喜びを感じる一方、他者から評価されることを恐れる。自分に自信を付けるため、自己研鑽への投資やお金の学びなどに積極的に取り組んでいる。

関連性の高い価値観 ＝ **6「自己を強化したい」**
9「自分を表現したい」
14「高い目的を持ちたい」

象徴的なビヘイビア ＝ **「自己成長のための副業」**
「環境問題解決に貢献する活動に参加」
「遠隔地に居住する働き方」

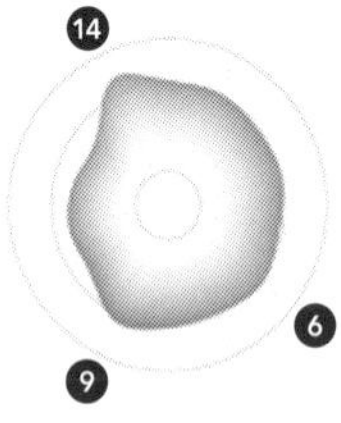

クラスター5　何者にも縛られない自己投資

個人の自由と自身の判断を大切に思う彼らは、流行に左右されず、自己の意思決定を重視するため、他人のレビューやクチコミより、直感で商品やサービスを選択する傾向がある。コストパフォーマンスや時間の節約を意識した合理性を好む一方、投資には積極的で、金融の勉強も欠かさない。他者との交際より、個人で楽しむ趣味に時間とお金を費やす。

関連性の高い価値観＝1「安全で健康に過ごしたい」
2「休息したい」
8「個人の自由を大切にしたい」

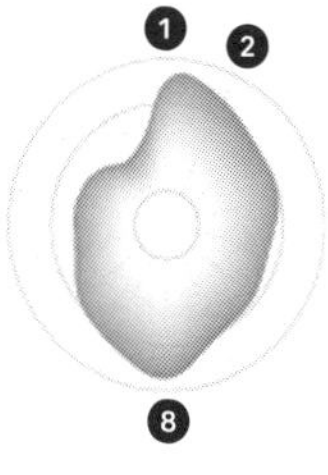

象徴的なビヘイビア＝「自分の素直な気持ちの表明」

「自分のモノサシでの選択」
「未来投資としてのお金の勉強」

「田舎暮らし」で何をしたいか？

これらH&Vの価値観モデルを使って、当社がどのように潜在ニーズを分析・深掘りし、事業開発に生かしているのか、例を交えて紹介しよう。まず、当社が関わった住宅メーカーの新商品開発の例だ。クライアントが「新たな家（ブランド）」の提案をしようと顧客ニーズを探ったところ、「ニューノーマル時代の田舎暮らし」を求める声が非常に多いという。しかし、この「田舎暮らしをしたい」というニーズは、あくまで「表面的な行動」ではないか、というのが我々の見方であった。
例えば、普段は自然に触れられる環境にいたい＝「1、安全で健康に過ごしたい（Being Safe & Well）」と思っていても、週末には人を招いて賑やかに過ごしたい＝「10、親密な関係を築きたい（Close Connections）」という人もいれば、喧騒から逃れて引きこもった生活＝「2、休息したい（Time Out）」の中で、自分の創作の時間を大切にしたい＝「5、創作したい（Make Things）」と考える人もいるだろう。あるいは、地域に住む人々との交流を楽しみながら新しいコミュニティを作りたい＝「11、社会と交流したい（Social Interactions）」と思う人も多いはずだ。これらを同じ「田舎暮らし」で一括りにするのは従来型のマーケティングの発想で、価値観に基づく分析とは言えない。

新しい時代の住宅メーカーは、家を建て提供するだけでは足りない。ユーザーが送りたいライフスタイルに合った家具や家電の提供、住宅のメンテナンスや改装のサポートなどのトータルサービスや、近隣のコミュニティ作りなど、顧客が家に住み始めてから必要となるモノとコトの提供も行うことで長期的な関係を作り出し、ＬＴＶの向上を期待することができる。であれば、「田舎暮らし」の先にある生活の提案が必要ではないか、というのが当社の提案である。

この住宅メーカーは現在、田舎暮らしというキーワードの先にあるライフスタイルを、消費者の価値観を想定しながら詳細に作り込む取り組みを行っている。顧客の多様なニーズに網羅的に対応できる提案力や商品開発力を付けていこうとしている。

異なる価値観を提供しているテスラとスバル

次は当社が自動車を所有している2000名に行った価値観と自動車にまつわるライフスタイル調査による分析例だ。同じ自動車メーカーでも、事業戦略は大きく異なり、その考え方の違いが商品やサービスの違いになる。そこが典型的に異なる2社が、テスラモーターズとスバルである。それぞれ方向性が異なる「尖《とが》った」顧客を抱える2社は、顧客の価値観をどう捉えて自動車の楽しみ方を提供しようとしているのだろう。

例えばテスラのような、先進的な思想を持った高級ＥＶ（電気自動車）を所有したいと考える人は、普段の仕事において責任ある立場に置かれることが多く、その激務のせいか「2、休息したい（Time Out）」という価値観を重視する傾向が強いと見ることができる。

そうした中でテスラが提供しようとしたのが、ＥＶの利便性を起点とした、移動に限らない体験拡充である。例えばアウトドアの楽しみ方としてテスラが提供しているのが、「キャンプモード」という機能だ。これは運転に使用する大容量バッテリーを生かして、運転停止中でも空調が利いた快適な車内空間を維持できるというもの。キャンプモードにすると、車内モニター画面には焚《た》き火の映像が浮かび上がり気分を盛り上げる。またネットフリックスなどの映像コンテンツも楽しめるなど、一人で車を走らせて喧騒から離れた自然を感じさせる場所に赴き、そこで快適に一人になれる空間を提供しようとしている。

自動車を単なる移動手段と捉えず、仕事など普段の生活が慌ただしい中でも気軽に手軽に日常から離れたいという価値観を持つ人のための機能で、さながら快適かつ非日常のもう1つの生活空間を手に入れる感覚をユーザーは抱くはずだ。

一方スバルのユーザーは、「6、自己を強化したい（Self Enhancement）」「8、個人の自由を大切にしたい（Personal Freedom）」といった価値観が強いと見ることが可能だ。目的地に行くだけでなく、例えばドライブテクニックを磨きたい、自動車の走行性能を試したい、カーナビゲーションの案内にとらわれることなく自由に走り回りたい、そのためにはあえて遠回りして、峠など「走って楽しい道」を選んだりする傾向が強いという特徴も浮かんでくる。

こうした顧客のニーズにフィットした自動車の楽しみ方を提供すべく、旅行途中の

「ドライブの楽しみ」をより深く追求したサービスを2021年末から開始した。それが「SUBAROAD」と呼ばれるナビゲーションサービスだ。効率を最優先して目的地へ誘導する従来のカーナビゲーションとは違い、これまで案内されなかったワインディングロードや、海や山など自然の景観を楽しめる道、地域の魅力を感じられる観光名所などが案内され、スバルユーザーが求めるドライビングプレジャーを感じつつ、地域の特色を楽しめるサービスとなっている。

他社にはない走りのよさをブランドとして打ち出すスバルと、あえて遠回りしてでも走って楽しい道を行くスバルユーザーの実態の接点を、顧客との対話を通じて発見しサービス化。自動車の位置情報とリアルタイムに連動して、地域の歴史や観光情報を音声コンテンツで提供したり、音楽ストリーミングサービスと連携することで、車窓の景色に合わせた音楽を流したりできるなど、好奇心を満たしたい、自分らしくありたいという価値観を持つ消費者のライフスタイルを捉えたサービスの在り方に挑戦している。

自社の存在意義を再定義

第2章をまとめよう。新しい時代において、顧客との継続的な関係性を可能にする事業を実現するためには、顧客のコア部分に迫るマーケティングが必要で、そこを起点として〝アイデンティティの共鳴〟を図ろうというのが、当社の伝えたいことだ。表層的な顧客理解に基づく、平均的・画一的・部分的なCX（顧客体験）の提供では、共鳴は実現できない。だからこそ、生活者の価値観レベルで人を理解することが必要となる。

一方、共鳴を実現するためには、顧客に自社への理解を深めてもらうことが欠かせない。しかし、本書の「はじめに」で触れた通り、多くの企業は今、事業のデジタル化を進めれば進めるほどアイデンティティを喪失してしまう〝デジタル化のパラドックス〟に直面し、他社との差異化が難しくなっている。だからこそ、いま一度、企業のアイデンティティを見直し、差異化戦略を考える必要がある。自社がどういう目的や強みで事業を行っているのか、社会的な存在意義とも言える「パーパス」とは何か。

次章では、この再定義へのアプローチについて述べていく。

第3章

企業のアイデンティティを再定義する

アイデンティティドリブン（共鳴型）の事業創造には、第2章で紹介した生活者のアイデンティティの理解に加え、企業が持つ強みや、それをどのような方法／体験で価値提供していくかという企業としての独自の考え方＝企業のアイデンティティを再定義することが不可欠である。

顧客の価値観にまで踏み込んでニーズを見いだし、自社の理念や保有するアセットに照らしてその実現方法を検討し、具体的な顧客体験に落とし込む。これが、企業が「共鳴するアイデンティティ」を作り出す唯一無二の方法である。世界のトップ企業はこの「アイデンティティ」を徹底的に磨き上げている。

一方で、〝デジタル化のパラドックス〟などを背景に、かつて持っていたアイデンティティを失ってしまった企業や、アイデンティティを強化、見つけることの重要性を忘れてしまっている企業は少なくない。だからこそ今、日本企業にアイデンティティの再定義が求められているのである。

第3章では、国内外のいくつかの事例をひもときながら、企業のアイデンティティを追求することが、企業にとってなぜ重要で、どのような変革をもたらすのかを紹介していく。明確なアイデンティティに基づく顧客体験をデザインして成功したテーマパーク。米アップルや米グーグルといったビッグテック。パーパスを基に企業のアイデンティティの見直しを進めるソニー。生活者のライフスタイルと自社のアイデンティティを照らし合わせ、あるべきサービスの姿を見いだして急成長を遂げたエアークローゼット。それぞれのアプローチを見ていこう。

「一人ひとりの正解」と「持続性の高い事業」を結ぶ懸け橋

生活者は今、どのような生き方や社会との関わり方、暮らし方を望んでいるのか。

第2章では、生活者が望む新しいライフスタイルを企業が提供するためには、まず彼らの価値観を理解することが必要であると説明した。

第3章では、「アイデンティティ共鳴型」事業におけるもう一方の主体である企業のアイデンティティの意義と醸成方法、および事業への反映例などについて見ていこう。「個」が主役の時代において、デジタル化のパラドックスにより失われつつある企業のアイデンティティの再定義と差異化戦略の構築は、「生活者一人ひとりにとっての正解」と「持続性の高い事業」を結び付けるのに、欠かせないブリッジ（懸け橋）である。

企業のアイデンティティとは、企業文化であり、他社が真似することが難しい〝個性〟と考えれば分かりやすい。ポイントは、ただ再定義するだけではなく、どのように事業に反映させるかだ。

例えば第1章で紹介したヤッホーブルーイングは、同社がもともとユーザーとして想定していた「知的な変わり者」であることをスタッフにも求め、それを価値提供の基軸と定めた。顧客と企業が同じ目線に立ち、消費者に徹底して寄り添った商品開発を行い、彼らを巻き込んだイベント・プロモーションを通じて、ヤッホーブルーイングならではのビールの楽しみ方、つまり「飲用体験」を作り上げていった。

同社の躍進を目の当たりにして大手ビールメーカーは、こぞってその飲用体験を実現するためのノウハウを学びに来るというが、いくら話を聞いてそれを真似しようとも結局、同社ほど顧客と一体感のある体験価値を実現できるメーカーは出てきていない。同社が十数年にわたって積み上げてきた顧客との対話と、そこから生み出した数々の顧客体験、その体験に共感した顧客が自発的に生み出す新たな顧客体験の連鎖など、一つひとつのノウハウの積み重ねがやがて企業文化となり、誰も真似のできない唯一のアイデンティティを生み出している。

アイデンティティを作り上げるポイントはシンプルだ。企業の思想の「軸」を決めたら、それをあらゆる企業活動において徹底させること。商品・サービス開発から人材育成・企業の仕組み作りまでの全てのフェーズで、自分たちが軸とした価値が顧客に提供できているかを全社員が常に自問自答できる体制を構築することである。その具体的なアプローチと実践例を、ここからは見ていこう。

ステートメントの整理から生まれるアイデンティティ

アイデンティティを再定義するアプローチは、企業理念やビジョン・ミッション・バリューといった、ブランドの方向性を決定するステートメント（合意・宣言）を整理することから始まる。なおこれらのステートメントは、自社の強みを生かしながらも「どのような価値観を持つ生活者に向けたものか、また彼らにどのような価値をどのように提供すべきか」という、顧客に向けたメッセージとして定めることが求められる。

次に実践すべきなのが、現在の商品やサービスが、前述のステートメントで定義した価値を提供できているのかを改めて問い直すこと。提供する機能や使い勝手、デザインといった要素は、生活者が求めるライフスタイルに寄り添っているか、また、それらは顧客が持つ価値観に基づいたカスタマーサクセスを実現できるかを再検証することが重要だ。場合によってはその価値を提供するために新たに商品・サービスを開発することも必要となる。

加えて、商品・サービスの提供手段となるあらゆるチャネルや、広告・宣伝・プロモーションなどのコミュニケーションの場で、ステートメントで表現された価値観に沿った世界観を作り出すことも欠かせない。ブランドのコンセプトに沿ったデザイン・表現や、使用する言葉のトーン&マナーをあらゆるタッチポイントで徹底すること。特に近年はＥＣサイトやＳＮＳをはじめ、デジタルを活用して顧客とダイレクトにつながる媒体が急増している。そうした中で、企業の思想を統一した世界観で伝えられるルールを策定し、それをＵＩ／ＵＸに適切に反映することの重要性が、これまで以上に高まっている。

顧客との接点に気を配るだけでは十分ではない。ブランドのステートメントとして凝縮させた企業の思いを、企業の「文化」として定着させ誰もが自然に発信できるようにするためには、人材採用や教育、組織の在り方、サプライチェーンの構築といった企業内部の仕組みにまで手を入れることも、時には必要となる。

人、組織、商品・サービスという企業活動のすべてが1つのブランドステートメントでつながることで、それが唯一無二のアイデンティティ、つまり他の企業にはない独自の魅力となり、真に価値ある顧客体験の提供が実現できる。こうした企業の個性こそが生活者の共感を呼び起こし、結果的に強いファンを生み出していく。

ユニバーサル・スタジオ・ジャパンと東京ディズニーリゾート

そして、このようなアイデンティティの創出に成功しているのが、テーマパークなどのエンターテインメント企業や、海外のトップブランドである。それぞれ、どのように自社の個性を見極めて魅力を生み出し、いかにして発信しているのか。具体的な企業のアイデンティティ作りを見てみたい。

エンターテインメント分野を例に取ると、「ユニバーサル・スタジオ・ジャパン」と、オリエンタルランドが運営する「東京ディズニーリゾート」が、アイデンティティ共鳴型事業の二大成功事例と言えるだろう。両施設は、それぞれに異なる価値観を持ちながらも、強力なアイデンティティに基づいた事業運営を行っているという共通点を持つ。

そして共に、映画や物語の世界を現実に再現し、その世界に没入してもらうアトラクションを提供する娯楽施設でもある。その運営の方針とも言えるステートメントは互いに方向性がかなり異なるが、それが両社の際立った魅力として長年にわたって多くの生活者に愛されている。

まずユニバーサル・スタジオ・ジャパンは、「ゲストの期待を常に上回る『ワールドクラスの体験』を提供し、世界のエンタテイメント・リーディングカンパニーをめざします」をステートメントとしている。「期待を常に上回る」ために、映画やアニメ・ゲームなど、ジャンルを問わず、世界中から話題の最新コンテンツを集めて次々に取り込むことで、訪れるたびに新たな楽しみを見いだせるようなパーク運営を行っている。

一方で東京ディズニーリゾートは、自社で練り上げて生み出していったコンテンツのみで園内の世界を構築。そのステートメントとも言える基本的な考え方は「世代を超え、国境を超え、あらゆる人々が共通の体験を通してともに笑い、驚き、発見し、そして楽しむことのできる世界」というものだ。求められるのは、誰もが長年にわたって安心して楽しめる普遍的なコンテンツである。

こうした異なるステートメントに基づいたテーマパークの運営方針の違いは、例えばまずテクノロジーの使い方に表れる。ユニバーサル・スタジオ・ジャパンは、VR

（仮想現実）システムを活用したアトラクションをはじめ、新しいテクノロジーを次々に導入して新陳代謝を繰り返していく。一方ディズニーリゾートは、それらのテクノロジーがある程度一般化した後に、自分たちが伝えたい物語の世界観と、その技術がマッチしているかを丹念に検証しながら導入する。むしろデジタルの存在感を控えめにして、物語が実現する「リアル」を提供することに力を注ぎ、1つのアトラクションを長く大切に展開する。

来場者にお金をどう使ってもらうか、というサービスの施策についても、それぞれのステートメントが大きな影響を与えている。それを象徴するのが、ユニバーサル・スタジオ・ジャパンが早くから導入していた「ユニバーサル・エクスプレス・パス」だ。特定の金額を支払えば、列に並ばずに効率的にアトラクションを楽しむことができる制度だが、「誰もが共通して楽しめる世界」を理想としていたディズニーリゾートでは、金額に応じて待遇格差を生み出す施策とみなして、長年行ってこなかった。それだけ、顧客に対して機会の平等を提供することを大切にしてきたと言えるだろう。

結果としてこの両社の顧客体験の差は、異なる価値観を持つコアな層に刺さり、共存する形となった。例えばユニバーサル・スタジオ・ジャパンのファンは、第2章で解説した14の価値観のうち「4、好奇心を満たしたい（Feeding Curiosity）」という傾向を強く持つ人が多いと見ることができる。訪れるたびに新しい発見や異なる体験ができることを期待する人々に支持されている。

一方、東京ディズニーリゾートのファンは、14の価値観のうち「3、愛着を持ちたい（Creating Attachment）」という価値観を強く意識する人々だと言える。パークが提供する世界観に共感し、何度訪れても変わらない期待通りの体験を楽しみたい人々だ。

テーマパークという同じ土俵の上でビジネスをしながらも、「期待を常に上回る」ことを強い個性として「変化と多様性」を重視するユニバーサル・スタジオ・ジャパンと、「大人も子供も、ともに」楽しめることを個性と捉え「常に変わらぬ世界観で誰もが平等に楽しめる場」を生み出した東京ディズニーリゾート。全く異なる考え方を持つ両社だが、共通しているのは、ビジョンから具体的な体験の提供まで、一貫した考え方に基づいてあらゆるサービスをデザインしており、それが両企業のアイデンティティになっているということだ。共に年間来場者数が１０００万人を超すほどの人気の裏には、「企業としてこうあるべき」という分かりやすく明快な個性と、その個性を体現すべく徹底された作り込みがある。

グーグルとアップル

シンプルな企業理念に則《のっと》った企業活動により、個性的かつ統一感のある体験のデザインに成功しているのは、テーマパークのようなエンターテインメント分野の企業だけではない。多くの世界的なブランドもまた、明快な自社の理念やビジョン、哲学を基に強烈なアイデンティティを作り上げている。ここではグーグルとアップルを取り上げたい。

グーグルのビジョンは「世界中の情報を整理し、世界中の人がアクセスできて使えるようにすること」。それを基にした同社のアイデンティティは、グーグルの提供するサービスを使って、世界中にあふれる情報に自由にアクセスし、時には利用者自身がカスタマイズしながら情報を有効に利用するという、〝利用者が自在に活用できるオープンさ〟だ。

ウェブサイト「Google Open Source」では、アンドロイドOSやChrome（クローム）向けに開発した自社API（アプリケーション・プログラミング・インターフェース）やツールのソースコードを積極的に公開し、ウェブ開発者を支援。こうした取り組みを通じて、自社では開発できないような自由な発想のAPIやツールの誕生に期待した。狙い通り、同社のオープンソースを活用して開発されたAPIやツールには、世界中の多種多様なユーザー、それぞれの個性に届くようなものが多い。ナビゲーションの世界標準となり、ユーザーが自由に地図上に書き込みができるなどさまざまな使い方ができる「グーグルマップ」や、日に日にその精度や使い勝手が更新されていく翻訳機能などを通じて、自社サービスのユーザー数を爆発的に伸ばしていった。

対してアップルは、企業として具体的なビジョンを掲げていない。ただ、同社のアイデンティティの根幹にあるのが、1997年にスティーブ・ジョブズが暫定CEO（最高経営責任者）に復帰直後に展開した広告キャンペーン「Think Different」である。信念を貫き時代を作り上げた著名人を「クレイジーな人々」という表現で紹介。自分らしく生きる人々が、さまざまな場面で自分を表現できる道具であるコンピューターを作るメーカーとしての立ち位置を確立した。

以来、芸術・映像・音楽などクリエーティブのためのツールとして使われるようになり、2007年に発売したiPhoneは日常生活でも自分を表現して楽しむための道具としてあらゆる生活者から支持され、スマートフォンという超巨大市場を開拓した。

アップルはコンピューターを道具として意識させず、生活者が理想として描くクリエーティブな生活の中に溶け込むよう「シンプルさ」を徹底して追求する。1枚の板をイメージしてシンプルさを極めた機器のデザインは、協力工場を囲い込んで実現。OSを自社で開発することで、心地よいながらも目的のタスクを最短で行えるよう機能性を追求したUIを作り込んだ。さらに商品を販売するアップルストアでは、全店舗で心地よい接客体験を実現するため、店の設計ノウハウや什器、スタッフの制服から接客対応に至るまで、世界中で統一している。

さまざまなソフトウエアやサービスをオープン化し、利用する各社が自由にカスタムできるようにすることで爆発的にプラットフォームを普及させたグーグルと、OSからサービスプラットフォームまで、自社の世界観を徹底的に管理して閉じたエコシステムを構築し、「アップルらしさ」を維持するアップル。両者の徹底したアイデンティティ作りは、プロモーションにまで及んでいる。

例えばグーグルは、自分たちのサービスが現地の人々の生活にどうフィットするかを伝えることで、地域ごとの多様な楽しみ方を提案している。一方アップルは、

iPhoneなどの製品が消費者の生活に溶け込んでいるワンシーンを詳細に描くことで、全ての人々に共通する価値を届けると伝えている。それを世界中で同じように放映し、どんな場所にいても、どんな人でも同じように楽しめると強調しているのだ。思想やビジネスモデルは真逆。しかしながら自社のアイデンティティを全くブレることなく、あらゆる場面で打ち出す姿勢は共通している。

日本企業にこそ必要なパーパス

ここまでは海外の企業事例を紹介したが、日本企業はどうなっているだろうか。残念ながら現状では、「自分たちらしさ」は失われつつあると言っていいだろう。例えば、20世紀末からのものづくりの分野では、アップルの革新的なコンシューマーエレクトロニクスや、韓国製、中国製など安くて性能・機能も良い家電が世界市場を席巻し、日本の家電業界をはじめとするものづくり産業全体を苦境に追い込んだ。国内の企業は、独自性の追求や差異化よりも、生産地域の移転などコスト削減による効率性の向上を優先させざるを得なかった。

また、デジタル技術を活用した新しいサービス分野では、グーグルやアマゾンなど世界的なプラットフォーマーが日本の国内市場も席巻。国内で生まれるサービスのほとんどはこうしたプラットフォーマーの亜流であり、さらにデジタル化したマーケティングツールに依存することで、自分たちらしさや、CXをかたちづくるポリシーが次第に失われていってしまった。デジタル分野での遅れを取り戻そうとした結果、同業他社のベストプラクティス（最も優れた実践事例）を急いで後追いする企業が増加し、同じような体験ばかりが量産されているという課題もあった。

だが、ここにきて一部の企業では、原点に立ち返り、自らのアイデンティティを再認識する動きが起き始めている。それが、近年重視されるようになっている「パーパス経営」を取り入れ、パーパスを起点に企業のアイデンティティ構築をしていこうとする動きだ。

企業の存在理由を考え、それを基に何らかのステートメントを作る際、これまでは企業が〝将来なりたい姿〟を言語化した「ビジョン」が使われることが多かった。一方、パーパスは〝なるべき姿〟を想起し、その企業が社会に存在する意義を深く考えながら掘り起こすもの。自社の社会的役割と、世の中のニーズや生活者の要望とを重ね合わせながら、自社の個性や進むべき方向性を深掘りする上で、パーパスが注目されているのだ。


ともすれば自分たちの独《ひと》りよがりの理想像になる可能性があるビジョンに比べると、パーパスは社会や生活者との関係を重視している。企業の社会的責任が問われる中、パーパスを踏まえながらアイデンティティを再定義する意義は大きい。

そこで、パーパスの制定によって「自分たちらしさ」を強化し、内外に対して自社の方向性を印象付けた2つの企業の例を取り上げたい。大企業が自社らしさを取り戻すアプローチを行ったソニーの事例と、新興企業がアイデンティティを意識した経営を行い、成長を遂げたエアークローゼットの事例を紹介する。

パーパスを再定義したソニー

まずはソニーの事例からだ。日本を代表する家電メーカーの多くが2000年代以降、幾度もの大きな経営危機に直面した。その中で、ソニーは2018年4月、ソニーグループの会長兼CEOの吉田憲一郎氏が中心となり、「クリエイティビティとテクノロジーの力で、世界を感動で満たす。」というパーパスと、「夢と好奇心」「多様性」「高潔さと誠実さ」「持続可能性」の4つのバリューズ（パーパスを実現するために企業として持つべき価値観）を定義した。感動を体感するための優れたハードウエア、感動を表現するクリエイターのコンテンツ、そして感動を顧客に直接届けるＤｔｏＣサービスを組み合わせた事業を行う企業への変革を目指したものだ。

それまでソニーは、企業の将来像とも言えるビジョンを「テクノロジー・コンテンツ・サービスの飽くなき挑戦で、ソニーだからできる新たな『感動』の開拓者となる」と定めていた。そしてビジョンを実現するために企業としてなすべきこと、つまり企業のミッションを「ユーザーの皆様に感動をもたらし、人々の好奇心を刺激する会社であり続ける」という別の言葉で表現していた。

「クリエイティビティとテクノロジーの力で、世界を感動で満たす。」というパーパスは、実は以前から同社が掲げていた「ビジョン」や「ミッション」とそれほど変わらない。これまでと違うのは、よりシンプルで、社内の人からも社外の人からも共感を得られるような明快さを意識した点だ。同じような表現で区別がつきにくかったこれまでのビジョンとミッションをパーパスに一本化。誰もがすぐに記憶できるほど端的でありながらも、同社が社会や人々に提供する価値の本質を言い表せる言葉になるよう何度も議論を重ねたという。

「自分たちが将来どうなりたいか、そのためにどのような行動を取るべきか」というある意味、独りよがりな目標ではなく、生活者や社会のニーズを見据えたパーパスとして「自分たちは何のために存在するのか」を定義し直したこと、そしてそれを誰もがすぐに理解できるような端的な言葉にしたことに意味がある。

アイデンティティを浸透させ、グループ連携を容易に

その上でソニーは、あらゆる企業活動をこのパーパスと結び付け、それを徹底的に企業内に浸透させようと、さまざまな体験価値に基づいたアイデンティティ作りを進めている。

まず分かりやすいところでソニーが改革を進めているのが、生活者が直接目にし、触れる部分。具体的にはデザインだ。例えばテレビCMやプロモーション映像の最後に使用するモーションロゴを再定義、感動を伝える商品広告の最後に表示されるソニ

ーのロゴを、これまで以上にエモーショナルに感じてもらえるよう、細部の動きまで調整を行った。

さらにプロダクトやUIのデザインを行う際の「指針」となるデザインフィロソフィーをパーパスに併せて見直し、ソニーが提供すべき物の形や体験とはどのようなものかを定義し直した。「『原型』を創る」というデザインのコンセプトはこれまでと変わらないが、その原型を構成する要素の中に「社会の文脈を深く理解し、感性に訴えかける共感」を追加した。社会が多様な価値観を持つ中で、いかにデザインすれば生活者との共感を生むことができるかを考えること。これを同社の全てのデザイナーへの課題とした。

ちょうど同じ頃、ソニーではスマートフォンの「Xperia」のUIや説明書、セールスツールなどを皮切りに、自社製品のデザインにどのような色やフォントを使うべきか、画面遷移やイラストのトーン&マナーはどうあるべきかを細かく指定して、あらゆるタッチポイントで共通の「ソニーらしい見え方」を取り決めた。またソニーが感動を与えるためにやるべき表現、やってはいけない表現の整理を行った。

さらに同社は人材採用・育成の指針作りを実施。パーパスにある「感動」を創り出す主体を従業員一人ひとりとし、「Special You（主役はあなた）」と表現。自立した多様な個を受け入れ、新たな価値を生み出す場がソニーグループだと定義し、「Diverse Sony」とした。この2つを合わせて、新たな人材理念「Sony's People Philosophy」を発表。パーパスを企業活動のあらゆる場面に浸透させることで、感動の創造から提供までを担う企業という位置付けを徹底し、かつて自社を脅かした韓国メーカーやアップルとは異なるアイデンティティを確立することを目指している。

「感動」を軸にグループ連携を

「クリエイティビティとテクノロジーの力で、世界を感動で満たす。」というパーパスの制定をきっかけに、ソニーの全ての企業活動・事業も「感動で満たす」にフォーカスしていった。その上で重視していたのが、テレビやゲーム、エンターテインメント部門などを含めた、グループ全体の連携である。

例えばソニーの液晶テレビ「BRAVIA」シリーズの「BRAVIA XR」では、グループの映画事業会社であるソニー・ピクチャーズと連携して専用のコンテンツサービス「BRAVIA CORE」を配信している。「BRAVIA XR」が提供する体験価値は、「リビングを映画館に変える」こと。「4K有機EL」のリアルな映像と立体感のある音響を掛け合わせ、自宅のリビングにいながらも、映画館さながらの感動的な映像体験が味わえるようにしている。しかし現状の地上波放送では「4K」に対応した映像作品が放映されておらず、「BRAVIA XR」の真価が発揮できなかった。そこで「BRAVIA CORE」で4K対応作品を配信することで、まるで映画館のような迫力ある画面で、『スパイダーマン』を筆頭としたソニー・ピクチャーズのさまざまな映画が楽しめるようになった。

ソニーのゲーム部門が開発する家庭用ゲーム機「PlayStation 5（PS5）」とも連携している。「PS5」の売りは映像の美しさ。これまでは肉眼でしか認識できなかったような明暗差のある映像も滑らかに描き出せるようになった。現実さながらのリアルな映像で、まるでゲーム内に入り込むような没入体験を味わえる。しかし「PS5」の高い画質を最大限に引き出すためには、一般の液晶モニターではモードの切り替えや調整の手間が必要になるケースが多くある。そこでこの没入体験を手軽に楽しめるようにと、同社の液晶テレビ「BRAVIA」シリーズを「PS5」に接続すると、自動で最適な画像モードを割り出して調整してくれるなど、感動体験を楽しむための連携が図られている。

「4K」や「HDR」など単純に高画質・高音質の製品を作ったところで、大多数のユーザーはこのスペックを最大限に活用することができない。ソニーではグループ全体が連携して商品・サービス開発を行うことで、これらの課題を解決。映画やゲーム、アニメや音楽などの心を揺さぶるコンテンツと、それを最大限楽しむための高画質・

高音質なハードウェアを掛け合わせて、自宅にいながら感動的な体験を味わえるようにした。商品／サービスの両面からその価値を実感できる環境を作った。

ものづくりの企業変革には、一定の期間が必要だ。ソニーでもアイデンティティに立脚したものづくりや連携の成果がより本格的な形として現れるのはもう少し先になるだろう。しかし現時点での成果でも、ユーザーからの支持を着実に獲得しつつある。例えば日経リサーチのブランド戦略サーベイ２０２１の総合評価ランキングにおいて、ソニーは全６００社中3位という評価を獲得。加えて、２０２２年3月期決算において過去最高の営業利益を達成した。

おそらくこれから国内の企業は、業界の再編による企業の統合、企業内での事業の整理や見直しなど、多くの改革を余儀なくされることになる。組織再編に取り組む企業にとって、ソニーのようなアイデンティティの再定義は非常に重要な事柄となるはずだ。

パーパスと顧客体験を磨き上げ、独自の成長エンジンを確立

ソニーの場合は「感動を提供する」というパーパスを軸に、企業内、そしてグループ間の意思統一を実現した。その結果、顧客のライフスタイル創出に向けた部門やグループ内の連携を円滑にし、これまでにない新たなサービスを提供できるようになった。また、感動を生むための多様性に富んだ人材採用・育成の指針を作ったり、顧客に向けた表現の統一を行ったりすることで、社員や顧客全員が「ソニーらしさ」とは何かという共通のイメージを抱けるようになった。これが、企業の〝人格〟につながっている。

ソニーのような大企業が、内外に対して自社の方向性を浸透させるためにはパーパ

スの制定が欠かせなかった。しかしスタートアップや企業内ベンチャーのような「これから新たに事業を展開する」企業にとっても、成長を続ける上ではパーパスの制定は必須の施策となるだろう。生活者の価値観を深く理解し、独自の企業アイデンティティに基づいて新たなライフスタイルを創出することが、結果的に他の企業が持ち得ない強い独自性につながるからだ。そこで紹介したいのが、2022年7月に東京証券取引所グロース市場へ上場した、2014年7月設立のベンチャー、エアークローゼットの事例だ。

独自のビジネスを生み出したエアークローゼット

エアークローゼットのパーパスは、「生活者が豊かに生活できる新たな顧客体験を創出する」ことだ。サービスの内容やあらゆる事業の仕組み作りをすべてその一点にフォーカスさせることで急成長し、他社が真似できない独自のビジネスモデルを生み出した。

同社が提供するサービスは、「顧客の趣味や生活スタイル、体型に合わせて、プロのスタイリストがコーディネートした普段着を毎月レンタルできる」というもの。2022年9月には会員数80万人を突破し、仕事が忙しくて洋服選びや買い物に時間をかけられない働く女性を中心に高い支持を得ている。

コンサルティングファームから楽天を経て独立した同社の天沼聰社長によれば、エアークローゼットのビジネスは「最高の顧客体験を事業化するとしたらどのようなものになるか、という半ば思考実験のような議論から始まった」という。そこでは、現代を生きる人にとっての最高の顧客体験とは「時間の価値を最大化すること」だと捉え、生活に欠かせない衣食住の中でも、「衣」の分野にこそ新しい顧客体験を感じてもらえる余地があるという結論に至ったという。衣服は生活者と触れ合う時間が長い一方、特にキャリアを持って忙しく働く人ほどファッションを気にかける余裕がなく、負担に感じている。そんな生活者の価値観を捉えるところから事業の構想が始まった。

創業者3人ともにアパレルでの経験が全くなかったところから事業をスタート。「誰もがワクワクする、新しい『あたりまえ』をつくろう。（Creating new lifestyles for smiles:)）」を企業理念とし、ストレスなく、そしてワクワクする時間を恒常的に生活者に提供できるサービス作りに徹底的に取り組んだ。

「おそらく経験がなかったことも幸いした。業界の知識もなかったので、サービスの在り方全てをパーパスに照らし合わせながら、細部にわたってゼロから作り込んでいったことで、自社の独自性を育めた」と天沼社長は言う。

例えば洋服をレンタルした後、もともとは一定期間内にその洋服を返却してもらおうと考えていた。しかし「豊かな時間を提供することを使命とした我々が、お客様を時間で縛るのはおかしいという議論になって、いつご返却いただいてもいいようにルールを変更した」（天沼社長）。コストがかさんでも自社のパーパスに沿うことを優先して顧客体験作りを行った。

このように自社のパーパスに基づいたユーザーのライフスタイル構築を行った結果、「コーディネートして送るお洋服に、お客様が普段は買うことはないがスタイリスト視点で『絶対にお客様に似合う』と思うようなものを一定の割合で混ぜて、新しいお洋服との出会いを楽しんでいただく」(天沼社長)といった独自のコーディネートのアルゴリズムとノウハウを構築。トレンドを追ったり、新しいファッションにチャレンジしたりする余裕がない人たちのライフスタイルをアップデートし、コーディネートを楽しむワクワク感を生み出そうと考えた。そうすることで、自社のパーパスである「生活者が豊かに生活できる新たな顧客体験を創出する」を実現した。

またエアークローゼットでは、これまでのアパレルの常識にはなかった、洋服を型番で共通管理をするのではなく、同じ型番の服でも一点一点を別個の製品として個品管理するシステムや、一度送付した服を引き取ってクリーニングに出して再度倉庫で保管する、という循環型の物流システムを構築。創業から10年近くの間「情報システムにしてもビジネスの仕組み、物流のルール作りにしても、全てを顧客起点でゼロから構築し、顧客と対話を繰り返しながら日々改善していく」（天沼社長）ことを続けてきた。このように、パーパスや提供すべき体験に基づいて行動することで、情報システムから物流まで、あらゆる仕事のプロセスを常に変化させてきた。

企業のパーパスとサービスの内容、あらゆる仕組みをすべて連携させるのは極めてハードルが高い。しかし、それは結果的には競合企業との大きな差異化につながった。エアークローゼットの場合は、企業の仕組みを全て「最高の顧客体験」に寄せてゼロから構築したことで、他社では真似できない独自性を獲得。同様のサービスに進出しようとする追従者が現れたとしても「今から同じ仕組みを構築するのには相当な投資と時間が必要になり、簡単には真似できない。仮に真似できたとしてもその頃には我々がはるか先をいく」（天沼社長）という状態を作り上げている。むしろ同社は今、他のアパレルや流通企業向けに、自社で作り上げた循環型物流の仕組みや、コーディネートを別企業向けにチューニングしたシステムを提供することで、新たな「循環型物流」のプラットフォーマーとなることを狙っている。

これまで難しいとされてきた日常のファッションのサブスクリプションビジネスの壁を「顧客起点」を徹底させたビジネスモデルを作り上げることで突破した今、同社はアパレルのみならず、例えば美容機器のような、体験してみないとその価値が実感できない商品のレンタル事業を展開し始めている。家電店やカタログを見ながら悩んで購入した結果、結局自分に合わなかったといった無駄が起こらないよう「時間の価値を最大化する」別事業である。このように、新たな事業においても自社のパーパスに基づいた形で事業展開を進め、業績拡大を図っている。

企業内で使用する言葉にもアイデンティティが宿る

ソニーやエアークローゼットのように、生活者が求めるライフスタイルを理解した上で企業のパーパスを見直そうとする動きが、今やさまざまな業種・業態の企業で見られるようになった。パーパスは「顧客視点」や「豊かな顧客体験」を企業に常に意識させる存在となり、企業活動のあらゆる面に浸透して企業のアイデンティティをかたちづくる基礎となる。

企業のパーパスは、経営方針の策定や事業展開時の判断の拠《よ》り所となり、やがて商品やサービスの在り方を決定する軸となる。それだけではなく、さらにはどのような人材を採用し、どう育てていくかの指針としても機能するようになる。例えばエアークローゼットでは「ワクワク」する時間を提供するために社員が心掛けるべき点として、143ページのような9つの行動指針「9Hearts」を策定している。

加えて同社では、社内で使用する「言葉」も、アイデンティティを意識したものに統一している。「サービスの利用者について、その存在を単なる顧客と見るのではなく、常にその意見を学び、互いに尊重すべき存在と感じたい。その思いを言葉遣いから意識すべく、弊社では〝顧客〟、〝ユーザー〟ではなく必ず〝お客様〟と呼ぶように心掛けている」(天沼社長)。

生活者にどのような価値を提供する企業であるべきかを考え、社員の些細《ささい》な振る舞いにまで徹底的に行き渡らせる。同時に、新しいファッションのコーディネートなど、生活者のライフスタイルをアップデートするような提案を日常的に投げかけることで対話を生み出し、その対話を基にサービスを進化させていく。その繰り返しが企業と顧客との関係性を持続的なものとしている。

これが顧客の信頼につながり、やがてファンを生み、商品・サービスに対する思いを共有しながら新しいライフスタイルを創造し合う関係を構築できるようになる。この一貫した姿勢が、エアークローゼットが提供する体験の独自性なのだ。

企業の思いをステートメントとして言葉にし、その言葉を軸にあらゆる事業活動に企業の思いを組み込んでいく作業。それが本書で言うアイデンティティの構築である。そしてこのアイデンティティは、第2章で述べたような生活者のアイデンティティに寄り添って作られることで、企業が唯一無二の価値を提供するブランドとして成長できるエンジンとなる。

エアークローゼットの9つの行動指針「9Hearts」

お客様の感動が第一 提供するサービスはお客様の笑顔をつくるもの。お客様が感動することを常に考え、行動する。	**BE POSITIVE, BE ACTIVE** どんな場面であっても取り組みの実現に向けた方法を考える。難しいかもしれない点を考えるのではなく、どうしたらそれが解決できるかを考える。	**スピード感を持ち、動く** 考えているだけで事は起こせない、スピード感を持って動き、動く中で改善していく。ちょっと変でもいい、完璧じゃなくていい。
発信する個であれ 一人一人がairClosetであるという意識を持ち、自分から考えや想いを積極的に発信し、共有する。	**シェアをし、チームも自己も成長する** 情報、知識、感じたこと、受けた感動、どんなことも共有(シェア)をすることでチームの総合力を高める。	**失敗を恐れるな** どんな失敗であれ、改善の元となる。失敗したと気づくことは改善点が見えたということ、失敗を恐れず挑戦し続ける。
BE CREATIVE, GET "WOW!" 新しいあたりまえ、感動をつくるためにどんなことにも興味を持ち、常にクリエイティブである。	**私たちに障害はない** どんな障害であっても、それが私たちの信じる正しいことのためであればルールを変えてでも乗り越え、達成する。	**全力で楽しむ！** サービスを提供する私たちが作り手として全力で楽しむ！楽しんだ分サービスにも想いがこもる。

では、生活者と企業のアイデンティティを共鳴させるためには、具体的にどのようなプロセスが求められるのか、次の章ではプロジェクトの進行を踏まえながら共鳴醸成のフレームワークを解説する。

第4章

製品・サービスの価値を「加速させ続ける」フレームワーク

アイデンティティ共鳴型ビジネスを実現するためには、生活者が抱く価値観への深い理解と、それに基づく企業理念の再構築が必要であることを、ここまでの章で解説してきた。本章ではアイデンティティの共鳴を起こせる新規事業を創出するために、具体的にどのようなプロジェクトマネジメントを実施すればよいのか、その詳細について解説する。

ここでは当社リッジラインズが開発した新規事業開発のフレームワーク「Identity Driven Approach（IDA）」の基本的な考え方から、プロジェクトの立ち上げ、具体的な商品・サービス開発、リリース後のフォローといった各段階でとるべき開発手法やアプローチまでをつまびらかにしていく。

「すり合わせ」と「加速」

個が主役の現代にあって顧客から継続的な支持を獲得し続けるためには、商品・サービス戦略と企業文化の中心に「生活者」を置き、その価値観の変化を捉えていくことが重要だ。その上で、生活者の価値観を自社の理念と掛け合わせながら製品・サービスを繰り返しアップデートすることが必要になる。

このアイデンティティ共鳴型ビジネスの仕組みを実際の製品・サービス開発の中にどのように実装していけばいいのか。当社は、300を超える新規事業開発プロジェクトをサポートしてきた経験とノウハウを基に、その要諦を体系的にまとめたフレームワーク「Identity Driven Approach（IDA）」を開発。生活者の価値観と企業の価値観というそれぞれの異なる視点を「すり合わせる（Bridge）」することで独自の事業コンセプトを生み、そのコンセプトを自社のアイデンティティを体現する製品・サービスとして育て、価値向上を「加速（Acceleration）」させ続けるための方法論を確立した。

まずはこのフレームワークについての理解を深めるために欠かせない考え方である「Bridge」と「Acceleration」がどのようなものかについて解説したい。

異なる価値観の共鳴が新たな価値を育てる

その基本概念を説明したものが、左の図だ。人を起点に事業を設計していくことから始まるIDAの基本は、一見すると相反すると思われる2つの要素について、その「共鳴点」を常に探求することにある。例えば、生活者が求めるライフスタイルを充足させられる製品・サービスの品質を追求すればするほど、製品やサービスに必要

Identity Driven Approach（IDA）
基本概念

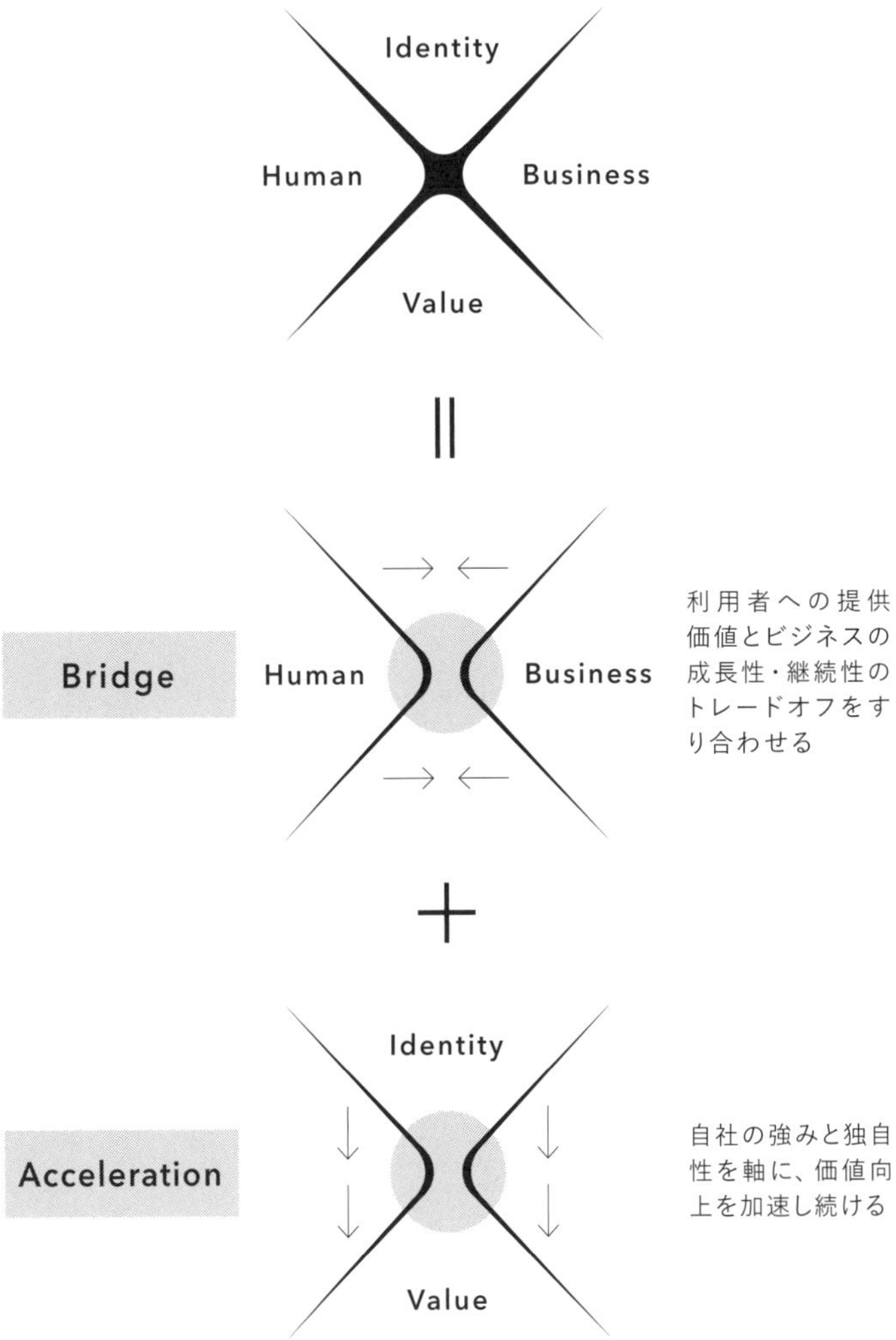

な機能が増えてしまい、コスト増と実現性低下につながる。さらには開発期間の増大による機会損失が生まれるなど、さまざまなビジネス上の課題が浮かび上がる。しかし、コストをかけずとも、また新規の機能開発に膨大な時間をかけずとも、生活者を充足させる手段はどこかに必ず存在する。その相反する要素の懸け橋となり、独自の価値を見いだす作業が「Bridge」である。

例を用いて解説すると、次のようになる。生活用品を販売する製造小売りブランドが、単身者や2人世帯向けに「手頃な価格で美味しいご飯を食べてもらえる炊飯器」を企画。だがOEM先となるメーカー複数に開発の可能性を打診するも、メーカーは高級炊飯器にシフトしており、普及価格帯の開発に力を入れていなかった。結局そのブランドが目指す「美味しいご飯を食べられる」というライフスタイルの創出と、「顧客層に訴求できる価格帯」というビジネス的な狙いを両立できる製品をこの時点では送り出せないことが判明。そこでこのブランドでは、改めてユーザーのライフスタイルや市場の調査を実施して代替手段を模索した。そこでたどり着いた結論が、小さめのサイズの「ご飯専用土鍋」を発売することだった。

今や多くの家庭のガスコンロには炊飯モードがあり、土鍋を使ってガスで炊くご飯の美味しさを知る人が増えてきた。余ったご飯はすぐに冷凍保存をする習慣も広まっており、ご飯を保温する必要性を感じる人が減っている。土鍋は、こうしたライフスタイルの変化を上手に捉えた提案で、結果、ヒット商品に成長。生活者のライフスタイル充足と、手頃な価格でその充足を提供できるというビジネス的な課題の共鳴点を見つけることを可能にした、いわば「Bridge」に成功した事例と言える。言い換えるとこの「Bridge」とは、あらゆるビジネスの現場で「炊飯器の代わりに土鍋」というような選択肢を見いだすための作業ということになる。

生活者の価値観と、ビジネス的な課題をすり合わせて得たこの「土鍋」というアイデアは、このブランドが徹底したユーザー調査の末に、独自の視点を持つことができたからこそ発見できた、いわばその企業の「Identity」そのもの。そして、この土鍋の価値（「Value」）をより高めていくために、例えばユーザーの嗜好や住まい方を分析しデザインや使い勝手を研ぎ澄ませたり、土鍋を活用したレシピを多数開発したりして、商品の魅力を一層引き出すために部門や業種を横断して価値を進化させ続けていく行為が、つまるところ事業の「Acceleration」となる。

プロセスに応じた3つのBridge

この「Bridge」と「Acceleration」という2つのアプローチを、IDAでは左図のようなプロセスに沿って実践しながら新規事業開発プロジェクトを進めていく。ポイントは、全体のプロセスの中で3段階の「Bridge」を設けて、プロダクト、サービスなど事業の精度を徐々に高めていくことだ。そのBridgeにおけるポイントが、次の3点である。

Identity Driven Approach（IDA）
実践プロセス

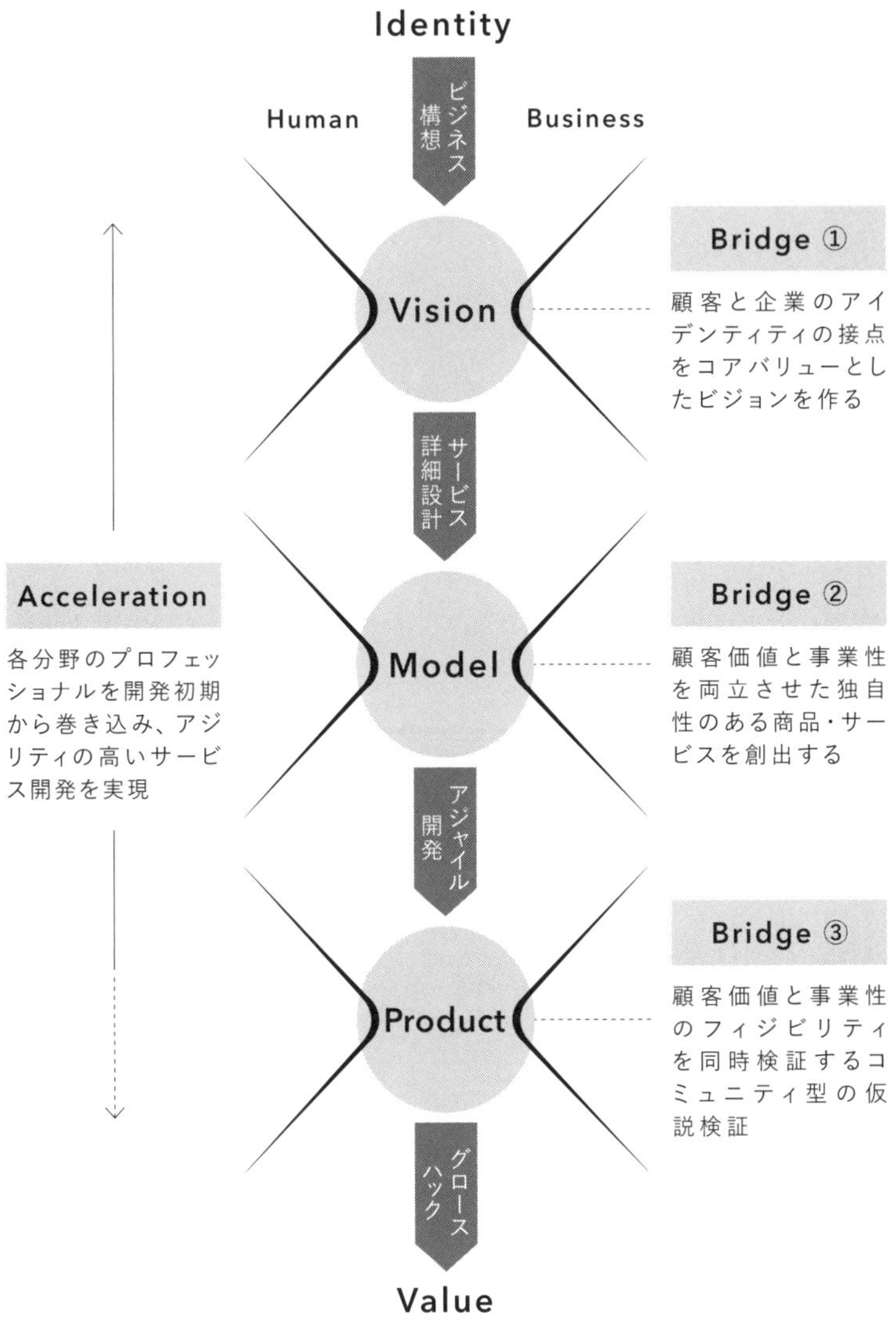
Identity
Human
Business
ビジネス構想
Vision
Bridge ①
顧客と企業のアイデンティティの接点をコアバリューとしたビジョンを作る
サービス詳細設計
Acceleration
各分野のプロフェッショナルを開発初期から巻き込み、アジリティの高いサービス開発を実現
Model
Bridge ②
顧客価値と事業性を両立させた独自性のある商品・サービスを創出する
アジャイル開発
Product
Bridge ③
顧客価値と事業性のフィジビリティを同時検証するコミュニティ型の仮説検証
グロースハック
Value

Bridge ①　顧客と企業双方のインサイトをすり合わせてコアバリューを作る

これまでデータ活用の主体となっていたデモグラフィックデータや購買行動に基づくデータに加えて、深く生活者の価値観を理解し行動の背景を洞察できるような、生活者の行動変化を推測するためのデータを取り込む。例えば第2章で説明した14の価値観から構成されるHuman&Valuesフレームワーク（以下H＆V）を活用しながら、ターゲット顧客の価値観にまで踏み込んだ上で本質的なニーズを理解。それを企業が持つパーパスやミッションといった理念や歴史、従業員の思いと掛け合わせながら、製品やサービスが提供する本質的な変わらぬ価値である「コアバリュー」をまずは定義する。

Bridge ② 顧客価値と事業性を両立させた独自性のある商品・サービスを創出する

前項で定義した「コアバリュー」を基に、その事業が提供する具体的なCXを描き出す。企業やブランドがこれまで培ってきた強みは何か、どのようなテクノロジーをこのプロジェクトに活用できるかを分析し、そこに事業性があるかを考慮しながら顧客体験を生み出し、製品・サービスの詳細設計を行う。

デジタル時代の新規事業は、IoTのハード・ソフト開発からアプリ、それを支える情報システム、デジタルとリアルの双方を活用したマーケティングコミュニケーション、そして既存ビジネスとの連携まで、その関係者は多岐にわたる。アイデンティティに基づいた一貫した体験が提供できるよう、関係者の意識を合わせるための詳細な設計と合意形成のマネジメントが求められる。

Bridge ③ フィジビリティの検証と、サービスリリース後を見越したコミュニティ型仮説検証

ここからは、設計したビジネスモデルをアジャイルで開発しながら、顧客を巻き込み迅速にフィードバックを得る形でプロトタイピングを実施。ここでコンセプトの検証や技術評価、実現性検証、事業性検証を細かく実施する。また、この段階でマーケティング施策なども同時に立案し、プロトタイピングで生まれたコミュニティを活用しながら顧客と共にその検証も行う。このコミュニティは、サービスインをした後の製品・サービスの「Acceleration」にも活用できるよう、常に協力を要請できるような体制をあらかじめ整えておくことも重要となる。

事業を成長させ続け「Acceleration」するチーム作り

生活者と企業が持つそれぞれの価値観という、相反する2つの考えを「Bridge」することで生み出した価値を、事業の「Acceleration」を促してさらに増幅させることがこれからの新規事業開発には求められる。その「Acceleration」を実現するために重要になるのがチーム作りだ。

目指すのは、社内の複数の組織を横断した多様性のある開発メンバーによる「越境型」チームである。この越境型チームは、開発初期から一体となってプロジェクトを推進し、サービスインをした後にも継続的に事業を進化させられる体制でなくてはならない。

近年デジタルを活用した新規事業開発が欠かせなくなっているなか、そのプロジェクト運営には、ハードウェアの設計はもちろん、製品に付随したサービスを実現するためのアプリケーション開発、そのアプリケーションを稼働させるためのシステムの構築、データ活用などの複雑な要素を束ねていくことが求められる。各分野のプロフェッショナルを開発初期から巻き込むことは、こうした複雑な要素の実装を早期に実現でき、かつ一貫した体験を提供する体制を整えられるという意味で重要になる。

加えて、製品・サービスが提供する体験が顧客の価値観やブランドの思いに沿っているものか、カスタマーサクセスを実現できるかなどの検証作業である「プロトタイピング」が事業開発において重要になるなかで、製品・サービスの開発中はもちろん、サービスインした後にも検証・アップデートが常に行える体制が、「Acceleration」するチーム作りには欠かせない。サービス立ち上げ後を視野に入れ、「グロースハック（製品・サービスの持続的な成長を視野に入れた仕組み）」を継続できるチーム構成を徐々に社内で構築していくことが重要なのだ。

ＩＤＡの概要は以上だが、ここからはこのプロセスに沿って行われる新規事業開発プロジェクトの流れを、より具体的に追っていく。各Bridgeに至るまでのプロセスにどのようなタスクが発生し、そこでどのような成果物が生まれ、意思決定が働くのか。その詳細を追っていきたい。

Bridge ①　顧客と企業双方のインサイトをすり合わせてコアバリューを作る

変えてはならない価値基準を作る

１５３ページに示した通り、新規事業開発プロジェクトを進める際のプロセスは、

4つのフェーズに分けられる。プロジェクト初期のフェーズにあたるのが、ビジネス構想の具現化をする「ビジネス構想フェーズ」。そして、その構想を基に具体的な製品・サービスの企画と設計を行うのが、次の「サービス詳細設計フェーズ」。この前半2つのフェーズで、まずは事業の戦略的なプランニングを行う。

ここで練り上げた計画に従って、アジャイル型の開発・価値検証を回しながらサービスインまで製品・サービスの質を高め続けていくのが「アジャイル開発フェーズ」。そして、サービスインしたビジネスについて、継続して顧客からフィードバックを得つつ課題の発見・改善を繰り返しながらサービスの価値向上に努めていく「グロースハックフェーズ」へと続いていく。

今回紹介しているIDAのフレームワークに基づいた新規事業開発プロジェクトでは、具体的な製品・サービス開発の議論に入る前に、そのアプローチに基づいて「コアバリュー」を軸にした事業ビジョンを生み出すことからスタートする（左図）。「ビ

コアバリューを軸にした事業ビジョンの設計

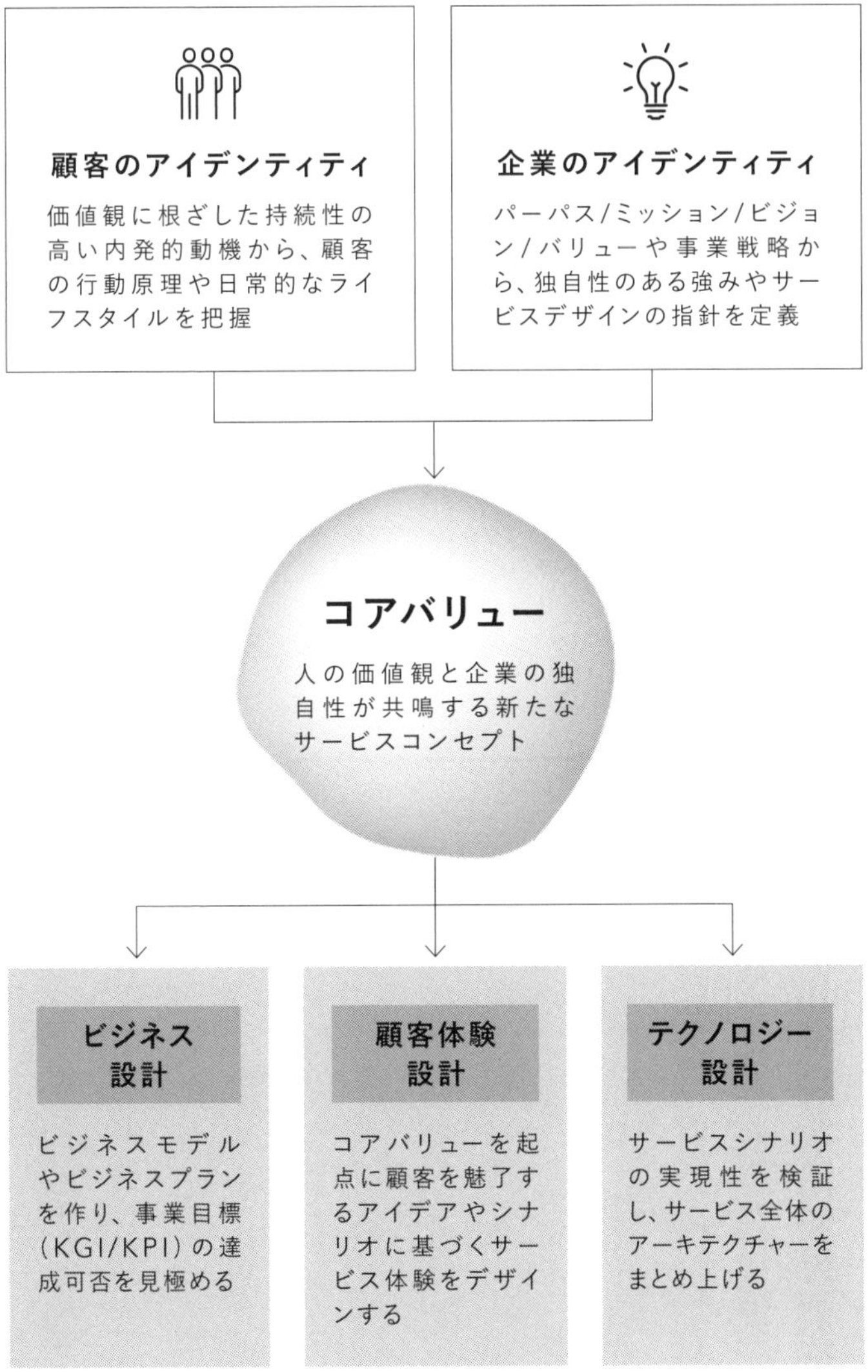
顧客のアイデンティティ
価値観に根ざした持続性の高い内発的動機から、顧客の行動原理や日常的なライフスタイルを把握
企業のアイデンティティ
パーパス/ミッション/ビジョン/バリューや事業戦略から、独自性のある強みやサービスデザインの指針を定義
コアバリュー
人の価値観と企業の独自性が共鳴する新たなサービスコンセプト
ビジネス設計
ビジネスモデルやビジネスプランを作り、事業目標(KGI/KPI)の達成可否を見極める
顧客体験設計
コアバリューを起点に顧客を魅了するアイデアやシナリオに基づくサービス体験をデザインする
テクノロジー設計
サービスシナリオの実現性を検証し、サービス全体のアーキテクチャーをまとめ上げる

ジネス構想フェーズ」は、そのためのプロセスである。この製品・サービスは、どのような価値観を持つ生活者を顧客ターゲットに据えていて、いかなる価値や体験を届けたいのか。そして、その顧客に届けられる自社ブランドならではの体験に基づくサービスは、一体どのような価値を持つのかを定義する。

近年のデジタル活用型新規事業開発では、ハードウェア・アプリなどのソフトウェア、そしてロジスティクスを含めたビジネスの仕組みなど、新規に開発しなければならないものごとは多岐にわたる。例えば、利用者個人の体質や趣味嗜好に合わせたパーソナライズ型のサブスクリプションビジネスなどの場合、そのプロジェクトは一層複雑さを増す。仮にパーソナライズ型のスキンケア商品のプロジェクトを見た場合、同サービス向けの化粧水や美容液といった商品の中身そのものの開発はもちろんだが、化粧品をサーブするためのハードウェア、肌状態を測定するための機器やアプリ、そこから取得した肌データを解析するＡＩ、そして、そのＡＩによる肌診断を基にパーソナライズされた情報を届けるアプリなど、その開発工数は膨大になる。

プロジェクトの当初から多様な技術・利害関係を持つ人々が関わることは必定だ。こうした膨大なスタッフが関わるなかで、顧客とのアイデンティティの共鳴を実現しようとするならば、それぞれの開発要素を担当するチームが一丸となって、一貫性のある体験価値に向けた「コアバリュー」を作っていく必要がある。

多くのプロジェクトは、その企画内容やコンセプトについて経営層の承認を得ながら進められる。しかし、実態は現場のさまざまな制約に左右され、おのずと経済性や実現可能性が優先されがちだ。その過程で生活者を魅了する価値も、企業のアイデンティティとなる独自性も失われるという悔しい思いを、新規事業に携わる方々は何度も経験してきたはずである。そのような事態を避けるために、実現に向けて必ず衝突するコストやフィジビリティ（実現可能性）の壁に遭遇した際に立ち戻る「変えてはならない価値基準」を作り、全員で共有することが欠かせないのだ。

パーパス×14の価値観＝コアバリュー

では、そのコアバリューをいかにして決めるのか。そこで重要となるのが、企業と顧客のアイデンティティとなる双方の価値観だ。多くの企業には、すでに「パーパス」や「ミッション」、そしてそれに付随するさまざまな価値観や行動指針が定められている。これを基に、企業の経営者や現場スタッフ、ステークホルダーへのインタビュー調査を実施。これらの情報から、今回のプロジェクトを通じて実現したいブランドの世界観は何かを議論する。製品・サービスを通じてどのような社会を実現できると考えるか、そして製品・サービスの社会的な使命として重視したいものは何か、重視すべきアイデンティティを明確にする。そして自社の事業ポートフォリオや市場でのブランドのポジショニングを明確に定め、ビジネス上のインパクトなどの目標を整理する。

これと同時に、想定するターゲットユーザーの人物像を明確に定めることが必要となる。それが、第2章で解説した「H&V」を基にした14の価値観レベルでユーザーを理解した高精度なニーズ分析と、ユーザー視点に基づいた価値提供の基準作りである。一般的なプロジェクトの流れでは、プロジェクトチームが考えるターゲットユーザー像をペルソナとして定め、そのユーザー像に近い人物に取材を行ってターゲットの分析を深めていくことが多い。しかしH&Vを活用することで、リサーチデータから今回のターゲットユーザーのクラスターを抽出し、実ユーザーのインタビューを通して解像度の高いメインターゲットと、メインターゲットと共通の価値観を持つターゲット以外のポテンシャルユーザーを抽出することができる。これまでのペルソナより遥かに解像度が高く、ファクトに基づいた具体的なユーザー像を可視化できるようになることに加えて、価値観に紐づいた持続性の高い行動特性までを把握することが可能になる。

167ページの図は、あるクライアントの想定ユーザー複数人からインタビューをして導き出した、14の価値観モデルに基づいたターゲットユーザーの人物像だ。「1、安全で健康に過ごしたい（Being Safe&Well）」「3、愛着を持ちたい（Creating Attachment）」「5、創作したい（Make Things）」「8、個人の自由を大切にしたい（Personal Freedom）」の4項目に強い価値を見いだしている人々。そして彼らの価値観を端的に表すなら、「毎日の食や使う化粧品や衣服などの質にこだわり、特に天然由来の〝シンプルだが良質〟な素材を好む層。自分を発見することに好奇心を抱き、利用するモノやサービスに対しては素材感と共に『愛着』を生み出せるようなストーリーを重視するタイプ。また、自分なりの創意工夫を重ねて日々移り変わる生活を楽しみ、自分が利用する商品・サービスについてもっとよく理解したいと思っている……」そんな人物像となる。

そしてここから「企業としてユーザーに提供したい（できる）価値」と「先に分析した価値観を持つ人のニーズを満たすために、届けるべきカスタマーサクセスは何か」をBridgeさせながら、そのコアとなる「顧客に提供する欠かせない価値」を定義して

「Human&Valuesフレームワーク」を活用した顧客の価値観モデル例

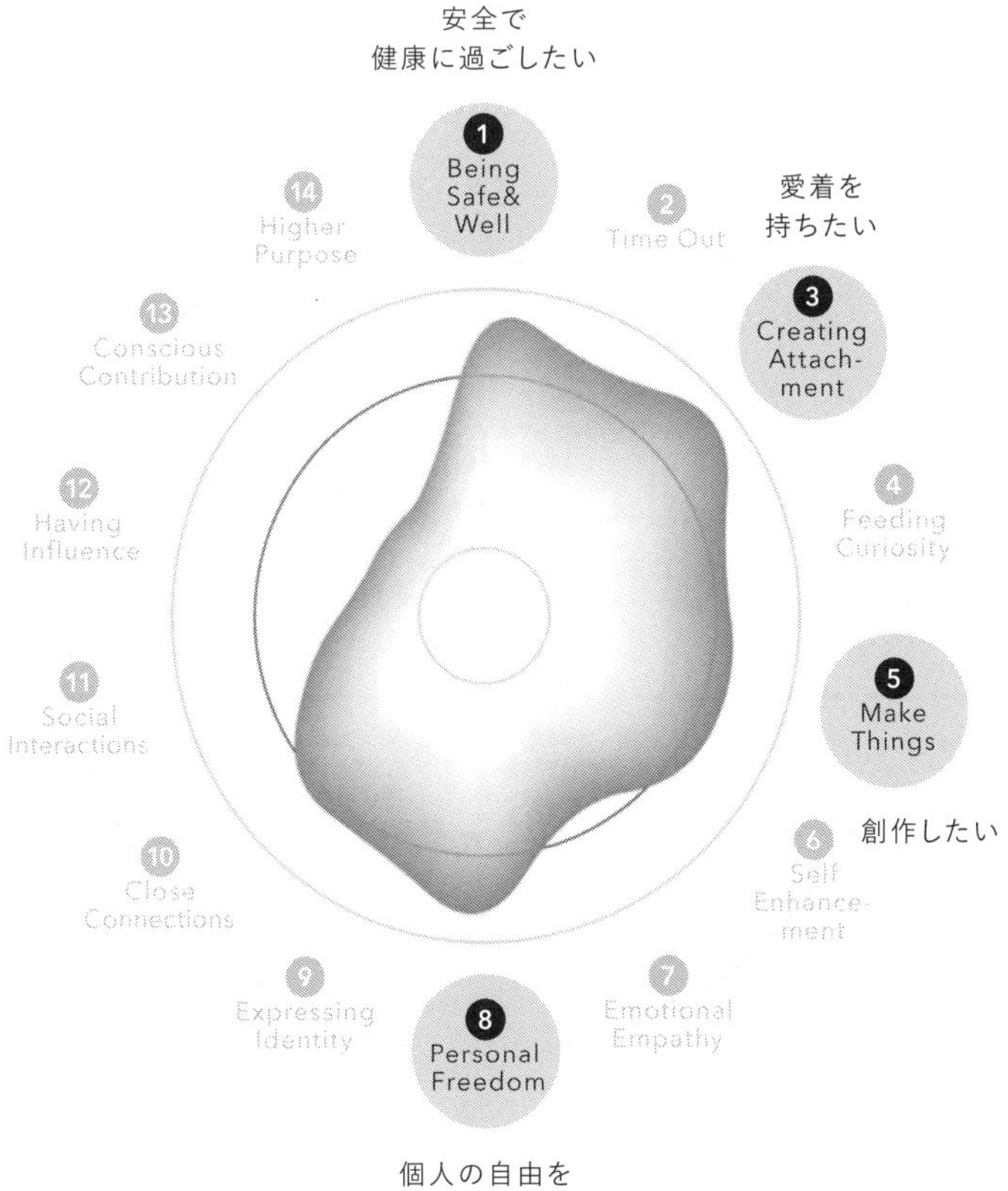

いく。仮にいま示したような価値観を持つターゲットユーザーに届くコアバリューを定義するとしたら、おそらくそれは「日々の発見、日々の楽しさ、高品質ながらも日々使える手軽さ」を実現するための製品・サービスとなるだろう。そしてこうしたコアバリューをメンバー間の「North Star（北極星）」と定め、開発メンバー全員で「実現すべき価値」として共有して、次の「ビジネス、顧客体験、テクノロジー」の詳細設計へと移っていく。

Bridge ②　顧客価値と事業性を両立させた独自性のある商品・サービスを創出する

毎日使いたくなる「体験」をデザイン

ＩＤＡのプロセスでは、前述のプロセスを経てコアバリューが定まってから、その次の段階である「サービス詳細設計フェーズ」にて、提供したい価値を実現するための商品・サービスの具体的な設計に着手する。

Bridge ①で定めたＨ＆Ｖによるユーザー検証を経て、そのターゲットとなるユーザーが持続的に行っている行動特性を明確に把握・分析し、ユーザー体験を一つひとつ検証する。その上で「コアバリューに沿った製品・サービスの在り方はどのようなものか」を洗い直して、製品・サービスの内容を細部まで作り込むことが求められる。

例えば、これまでサロンやクリニックで受けていたような本格的なスキンケアを、毎日自宅で手軽に行えるようにする、スマホアプリ連動型カウンセリングサービス付きの美顔器、という新規事業を狙ったとしよう。するとまずは先に示した「日々の発見、日々の楽しさ、高品質ながらも日々使える手軽さ」を意識しながらユーザーの行動特性や習慣を分析し、明確にしていくことが必要になる。

ユーザーは普段どんなスキンケアのルーティンを行っていて、どんな課題や喜びを感じているのか。スキンケアや美容機器へのリテラシーの高さがどれ程で、機器のあるべき存在感、使用するタイミングや頻度などを把握し、どう自然に習慣化してくれるかの体験のアイデンティティを作る。毎朝、化粧をする直前のタイミングで使う人が多いなら、洗面台にあって自然に使いたくなる愛着の湧く存在感で、すぐに使えるほうがいい。そのときに他社製品のサイズ感や使い勝手がどうなっており、これまでの類似製品だとどんな不都合が生じたのか……。日々のスキンケア習慣に溶け込むよ

コアバリューを実現するための「ビジネス・顧客体験・テクノロジー」施策の優先度付け

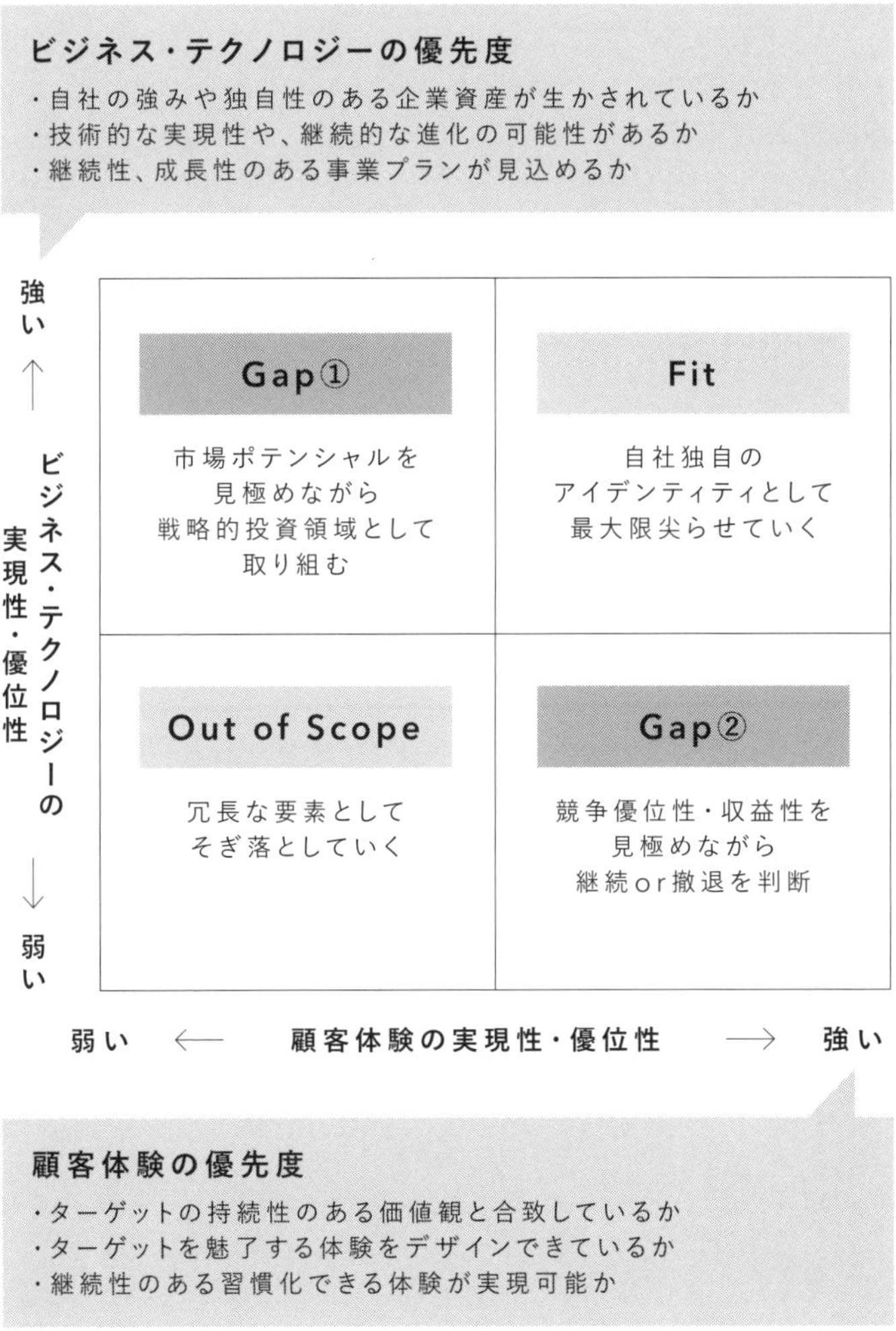

ビジネス・テクノロジーの優先度
・自社の強みや独自性のある企業資産が生かされているか
・技術的な実現性や、継続的な進化の可能性があるか
・継続性、成長性のある事業プランが見込めるか
強い
↑
ビジネス・テクノロジーの実現性・優位性
↓
弱い
Gap①
市場ポテンシャルを見極めながら戦略的投資領域として取り組む
Fit
自社独自のアイデンティティとして最大限尖らせていく
Out of Scope
冗長な要素としてそぎ落としていく
Gap②
競争優位性・収益性を見極めながら継続or撤退を判断
弱い ⟵ 顧客体験の実現性・優位性 ⟶ 強い
顧客体験の優先度
・ターゲットの持続性のある価値観と合致しているか
・ターゲットを魅了する体験をデザインできているか
・継続性のある習慣化できる体験が実現可能か

う、機器のサイズや使い勝手の煩わしさなど他社研究から得られた気づきなども参考にしながら、商品の在り方を一つひとつ検討していく。

製品のハードだけではなく、アプリも同様だ。ユーザーの嗜好性や行動特性に合った日々のスキンケアルーティンに大切な情報を肌の変化に合わせて必要なタイミングで届ける。つまり肌診断の履歴を記録して日々の肌の変化と主観値を把握することで、毎日使う、続けて使うということへのインセンティブをデザインし、使用者の「使い続けたい」という意識を醸成するアプローチをいかに作るかが求められる。

こうした顧客体験を一つひとつ作り込んでいくのと同時に、サービス、ハードウェア、ソフトウェア、データに落とし込んでいくに当たってのコストやフィジビリティも考える必要があるだろう。例えば、顧客に受け入れられる製品・サービス価格に抑えるために、機能を削減したりデザインを変更したりすることが避けられないケースも出てくる。前述したように開発現場では、それを繰り返すうちに実利的、現実的な「最適解」を導いてしまい、当初の思いや届けたかった価値を見失ってしまうことも多い。だが、そのたびに一旦コアバリューに戻って議論を進め、コアバリューに大きく影響しない部分を思い切って切り捨てるなどの取捨選択を行ったり、それが実現できる代替のテクノロジーやアイデアを考え出したりすることで、最後まで一貫した体験を提供できるよう、プロジェクトをマネジメントする必要がある。

そのために役立つのが、171ページの図のような「顧客体験の実現性・優位性」と「ビジネス・テクノロジーの実現性・優位性」の2軸を検証するためのFit & Gap分析である。一連のユーザー体験に基づく施策を、コアバリューとの適合性や顧客の期待が高いかという「生活者軸」、そしてコストや実現性というビジネス面での優位性があるかどうかという「ビジネス軸」の2次元の基準でプロットして、その優先順位を明確化する。そこで「冗長」と判断されたアイデアや施策はそぎ落とし、「体験価値は高いが実現性に難がある」施策については、例えば部品の点数を減らして性能や精度を落としてソフトウェアやハードウェアの形状を工夫することでカバーできないかといった検討を、すべての体験にまつわる施策で検討する。

アイデンティティ共鳴型ビジネスで大切なのは、一連の顧客の顧客体験において「感動を生み出し続けること」。ハードウェアのサイズや振る舞い、アプリを通した体験、パッケージの形状や開封時の所作など徹底したサービスブランディングを製品・サービスの設計段階でしっかりと作り込むことが重要になる。

この体験を実現するための具体的なハード・ソフト・サービス基盤の開発、そして既存事業や既存データとの連携といった、ハード&オペレーション連携までの基本の仕事の流れを「ブループリント」としてまとめ、コアバリューに対する全体最適の担保と、各自が自分の作業範囲の事だけに専念しないよう全体像を共有するのだ。

Bridge ③ フィジビリティの検証と、サービスリリース後を見越したコミュニティ型仮説検証

フェーズでプロトタイプの精度を使い分ける

IDAをフレームワークとしたプロジェクトの全プロセスにわたって意識しなければならないのが、さまざまな局面で仮説検証作業を行うプロトタイピングを実施できる体制の整備である。開発を進めているサービスの内容や製品の仕様が目指している顧客体験にマッチするのか、当初想定していた通りの事業実現性は確保できるのか、この製品・サービスをもっと使いたいと思ってもらうために改善すべき点はあるか、

また各部門が同じ目標に向かっているかの確認も定期的に行わなければならない。

そこでプロジェクトの各フェーズに、迅速な仮説検証を行うプロトタイピングの機会を設け、ここでコンセプトの検証や技術評価、実現性検証、事業性検証を細かく実施する（177ページ図）。

最初の「ビジネス構想フェーズ」ではビジョンやコンセプトを検証するために、顧客体験のシナリオをスケッチ化したイラストベースのストーリーボードや利用シーンの体験映像、ペーパープロトタイプを使いながら、アイデアやUX、UI、プロダクトの検証を行う（モックアッププモデル）。そして第2段階の「サービス詳細設計フェーズ」では、より精度の高い検証を実施。この段階ではフィーリングや実現可能性を検討することが目的だ（フィジビリティモデル）。そして第3段階の「アジャイル開発フェーズ」では、具体的な実装を進めながら、実機を使って性能や品質検証を実施する（ワーキングモデル）。

このように、プロジェクトが進むに従ってそのプロトタイプを使い分け、その精度を高めながら経営の意思決定に「直感的に見て触れるプロトタイプ」を活用し、検証

実証コミュニティによる ナラティブプロトタイピング

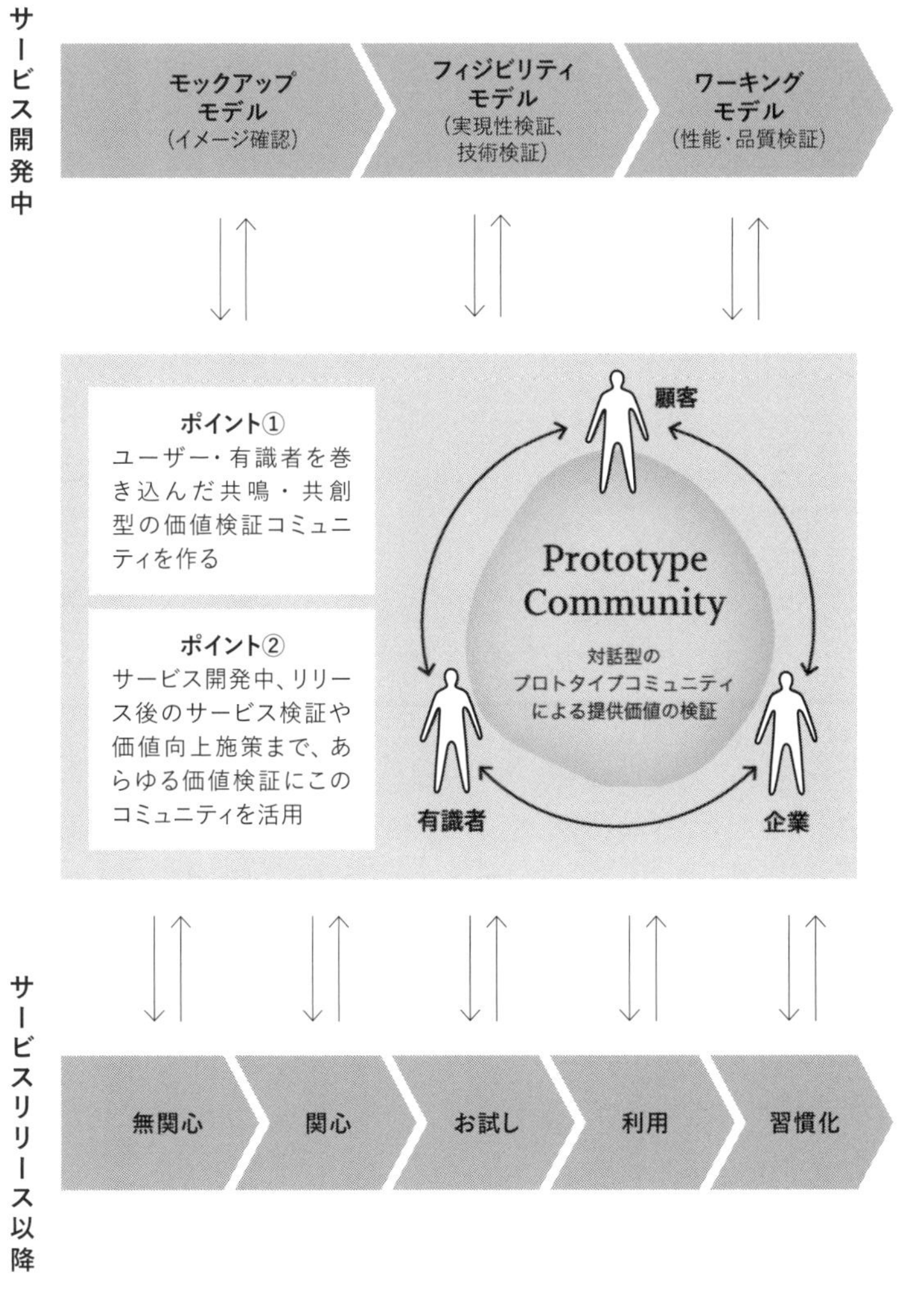

とフェーズの合意を同時に進めていく。これらをソフトウェアやハードウェアなどの部門ごとに行い、開発と並行して検証・改善を進めることで、工程全体のスピードアップを狙う。

ここで重要なのは、一連の開発を通じて、さまざまな意見を取り込むためのプロトタイプコミュニティも同時に形成・成長させていくことだ。まずは社内で関係するさまざまな部門を検証の作業に巻き込むこと。これによって実現可能性を検証したり、よりスムーズな事業運営の基盤を作る。そして次の段階では業界の専門家などの意見を聞いたり、Bridge ①で定めた実存する顧客に協力を依頼したりすることだ。SNS基盤を活用して日々の生活の中でプロトタイピングしたサービスのフィードバックをリアルタイムにもらう「コミュニティ」を形成し、顧客価値を捉えた製品・サービスになっているかを検証する。市場へのサービスリリースの直前までサービス価値を研ぎ澄ましていくシェイピングテストを繰り返しながらサービスを高度化していくなど、「将来の顧客と共にサービスを創り出す」という意識でのプロトタイピングの仕組み作りを重要視した開発を行う。

サービスリリース後の「グロースハックフェーズ」でも、商品・サービスをさらに進化させていくための、また今後のマーケティング活動のための意見を聞く重要な基盤としてこのコミュニティを活用することで、「顧客との共鳴」を作り出していく。

リリース後の継続的なアップデートが重要

プロジェクトは、商品・サービスをリリースして終わりではない。アイデンティティ共鳴型ビジネスでは、サービスインまでの期間を極力短くして「その事業をユーザーと共にどう育てていくか」という体制作りにまで意識を向けることが重要になる。

本章で解説しているIDAのフレームワークでは、このリリース後のプロセスを「グロースハック」として標準プロセスの1つに組み入れている。当社が事業開発に携わった多くのプロジェクトはリリース後も継続し、より良いサービスにするための分析とアップデートを重ね続けている。プロトタイピングの手法を応用したターゲット共創型のアジャイル開発型プロトタイピング手法によって定期的なコアバリューやサービス価値の検証を行いユーザビリティや事業性のブラッシュアップを実施。ユーザー体験とビジネスモデルの最適化、アルゴリズムの高度化を同時に検討し、サービスのアップデートを開発時と同様にアジャイルで実践する。同時に、ユーザーの継続・離脱のポイントなどをデータ、シナリオベースで分析していく。

こうしたリリース後のデータ分析によって、設計時には想定していなかった多くの改善すべき点が見えてくる。例えばスマートフォンやI o T機器などを活用したデジタルサービスで発生しやすいのが、機器を最初に利用する際の初期設定である「アクティベーション」の問題だ。アプリのインストールでつまずくユーザーもいれば、Wi-FiやBluetoothの接続がうまくいかず、どうすればいいか分からないというユーザーもいる。また、インターネットでサービスを申し込み、商品が自宅に届くような場合にはスタッフが付き添うことはできない。さらに、実はユーザーの多くはコールセンターに電話をかけるという行為に抵抗感を抱くことが多いということもさまざまな事例の調査から分かっており、相談先がコールセンターのみとなると尻込みしてしまう。

当社が支援した新規事業開発プロジェクトの事例では、サービスのLTVを向上させるために、ユーザーとの「対話」のインターフェースの拡充を図った。サービスのプロモーションから契約、初期設定からサービスの習慣化に向けたオンボーディング、継続利用に至るまでの継続・離脱ポイントに対してのリアルとデジタル接点を含めた対話の在り方を徹底して追求し、そのフィードバックによって精度を高めていくアプローチだ。例えばサービスを体験してもらう以前の段階で「難しそう」という理由から離脱してしまう恐れを解消するために、初期設定を行うための映像を制作したり、その映像をサービスページやアプリなどの顧客接点で露出させたり、インスタグラムなどのSNSのセッションを使った利用者・潜在顧客と直接対話するための接点を設けるなど、ユーザーとサービスの間の距離感を縮めていった。そしてそんな対話の中からさまざまなインサイトを得ることができる。

このプロジェクトの例では「信頼される人からのレコメンドを大切にする」といったターゲットクラスターのユーザーインサイトを掘り出し、美容室という新しいチャネルを通じてサービスを推奨してもらう施策を行うなど、こうした改良や施策、そしてそのフィードバックを随時繰り返すことで、継続率の向上や高いコンバージョンレートの実現など、サービスの質を着実に高める工夫を続けている。

Acceleration

越境のチーム作りを

こうした一連のプロセスを踏むアイデンティティ共鳴型ビジネスの実現において、その根幹を成すのが、本章の冒頭で紹介した「Bridge」と「Acceleration」のアプローチを取り入れた「一貫した価値・顧客体験を提供するためのチーム作り」だ。意識すべきは、プロジェクト開始初期の段階で新規事業に必要な役割を明確化し、実現に向けた強い意志を持った少数精鋭のメンバーによる組織作りを行うこと。一貫した

CXを顧客に提供できるよう、最初からメンバー全員が共通認識を持ち合意形成ができるチームを動かしていくことが理想である。

チーム作りで重視すべき事項の1つが、部門を横断してプロジェクト全体を俯瞰《ふかん》できるポジションの設定だ。プロジェクトの規模が大きくなればなるほど、社内の複数の部門が関わるようになる。そして各部門はそれぞれの事情やしがらみ、異なるKPI（重要業績評価指標）を抱えているため、放っておくと掛け持ちをしている事業創造のチームの取り組みが分断されて貢献度を測ることが難しくなり、メンバーがポテンシャルを発揮できなくなってしまう。さらに、その分断を防ごうとして部門を横断するポジションが奮闘すればするほど、各部門からは逆に反発を生むというジレンマに陥ることもある。そのため、横断型組織を統括する新規事業開発の責任者には一定の権限が与えられていることが望ましい。さらには、アイデンティティ共鳴型ビジネスの描く顧客体験が生み出す新規事業のLTVを測るKPIと、そのKPIを達成するための期間を経営側の責任者と共有できるような体制も求められる。

関係部門をまたいでCXを統括するチェンジリーダーが、LTVのKPIを軸にプロジェクト全体を管理。さらにテクノロジーやデータ、マーケティングやデザインといった部門ごとにCXをリードする担当者をそれぞれ配置することも重要だ。これによって各部門が同じ目的意識を持って現場に参画するようになり、部門間の意識統一と連携が可能になる。

実際に新規事業開発を行うケースで最も多いのが、プロジェクトチームでCXを統括する役割を担うのが新規事業開発を担当する執行役員、そこに強い意志を持ったチェンジリーダーが見定めたプロジェクトリーダー、マーケティング、商品開発、IT・テクノロジーといった各部門からチェンジリーダー自らが選定した精鋭数人という構成だ。そのチェンジリーダーが中心になって顧客体験を作り上げ、時に各メンバーの担当部署から協力を得る、という体制で開発を進めていくケースである。

若手を中心としたミニマムなプロジェクトを執行役員が直接責任者として監督することで、プロジェクトリーダーをはじめ若手の担当者一人ひとりに最大限の権限を委譲できたという背景もあり、こうしたプロジェクト形態はチームの〝意思決定の速さ〟

が特徴的だと言える。前例のない新規事業では、意思決定の社内エスカレーションに多くの時間が割かれ、結果的に多大な時間がかかるケースがほとんどだ。このプロジェクト体制であれば、責任者である執行役員やプロジェクトリーダーが強いオーナーシップを発揮して、スピード感が求められる開発現場からの提案に対してその場で意思決定できる。

また、こうしたプロジェクトでは、社外のさまざまな協力会社との連携体制の整備も欠かせない。新規事業やデジタルサービスといった社内に知見がないプロジェクトの場合には、必要なロールと求められる専門性を早期に見極め、メンバーを選定するために外部パートナーを含めた形で短期にプロジェクトチームを組成することが重要になる。当社は、ビジネス戦略の立案、CXやハードウェア・アプリなどのデザインから、ハードやソフトウェアを含むテクノロジー系の開発をワンチームで推進する体制を整えている。開発チームの運営においては、ビジネス戦略立案、デザイン、テクノロジーのそれぞれに、リッジラインズ側の担当者と、クライアント企業側の担当者が「越境」を意識しながら当事者意識を持って取り組んでいる。

事業開発のノウハウを企業文化に変換

顧客との長期的な関係を築くための新規事業開発のフレームワークであるＩＤＡ。それは、生活者と企業が持つそれぞれの価値観を明確にしてチームメンバーで共有しながら「コアバリュー」を生み出す作業から始まる。このコアバリューを基に、顧客がどのような体験をこの製品・サービスから得られるのか、持続性の高い価値観をベースにした行動特性からストーリーを作り上げる。そしてここで編み上げたストーリーをFit & Gap分析を活用して事業性のふるいにかけながら、各シーンでどのような体験・サービス、テクノロジーを提供すれば顧客のストーリーを実現できるのかを詳細に設計してサービスの具体的なＣＸを作り上げる。

それを支えるチーム作りのキーワードは「越境」。企業の組織間をまたぎ、製品のリリース前も後も、あらゆる場面で一貫してCXマネジメントを行えるチーム作りもまた必須となる。サービス開発から立ち上げまではもちろん、立ち上げ後を視野に入れ、「グロースハック」を継続できるチームを徐々に社内で構築し、体制を整えなくてはならない。

こうして生まれた新規事業開発のプロジェクト。新規事業開発チームはその事業の成長に寄り添って製品・サービスのアップデートを続けていく必要があるが、さらなる進化のためには企業組織全体のサポートが欠かせない。それはつまり、このIDAの仕組みを1つの事業開発プロジェクトから、企業全体のカルチャーへと発展させていく必要があるということを意味する。

アイデンティティ共鳴型ビジネスの企業カルチャー化。これが可能になって初めて、顧客との長期的な関係性を維持するアイデンティティ共鳴型ビジネスを生み出すことができるようになる。ではそれを企業全体の活動として推し進め、新たな企業文化を作るためにはどのような組織の在り方が求められるのか、次の章で解説していく。

第5章

アイデンティティドリブンを実践する組織作り

顧客との長期的な関係性を目指す、アイデンティティ共鳴型ビジネス。新規事業を生み出した後に求められるのが、企業のアイデンティティに基づいた顧客体験を提供できる事業を次々と生み出すことと、顧客とその企業とのあらゆるタッチポイントで一貫した体験を提供することである。しかし、多くの日本の企業は、長年にわたって組織の個別最適を進めてきたことにより、バラバラな顧客体験しか提供できなくなっている。そこでポイントとなるのが、業務に携わるあらゆる部署が一体となって顧客に最適な製品・サービス・CXを統合的に提供できる組織作りだ。第5章では、その組織作りをどのように進めるべきかを解説する。組織の変革を含めた共鳴型ビジネスの運営に求められるアプローチを5つの観点で整理し、1つずつひもといていく。

アイデンティティドリブンを企業全体の文化に

アイデンティティを起点とした顧客体験に基づき、新たなビジネスを創造するフレームワーク「Identity Driven Approach（IDA）」。第4章では、このフレームワークを活用した新規事業開発の進め方について、求められるチーム作りやプロセス、アプローチに沿って解説した。

ただし、企業が目指すべきは新規事業を生み出すことそのものではない。ただ事業を立ち上げて運営するだけでは、事業そのものの将来性を確保できるとは限らず、市場へのインパクトが限定的になりやすい。理想は、その新規事業に関係するさまざまな他の事業やサービス、あるいは組織を巻き込んでイノベーションの輪を広げること。そして企業の体質そのものを「アイデンティティ共鳴型」に変えることで継続的な事業創造の基盤を築いていくことだ。

例えばデジタルを活用し、企業と顧客との対話を追求したビジネスモデルを1つ確立できれば、そのノウハウは大きな宝となる。顧客への理解はこれまで以上に深まり、そこから自社のアイデンティティに対する新たな洞察を得られれば、これを起点に現在展開する商品の在り方・サービス提供の方法を見直し、大きく進化させることが可能となる。

またアフターメンテナンスやプロモーション、企業と顧客のコミュニティ作りなど、顧客とのあらゆるタッチポイントで共鳴関係を作り上げられれば、企業の熱烈なファンをより多く生み出して顧客を囲い込むことが可能になる。こうしたファンの存在は、製品・サービスの離脱率を低下させてＬＴＶ向上につながるだけでなく、彼ら自身がアンバサダーとなって、さらなるファン作りの一翼を担ったり、製品・サービスへのフィードバックを寄せてくれたりする。このように共鳴の関係がより深化していくスパイラルを生み出せるのである。

もちろん、企業全体にこのフレームワークのプロセス・アプローチを浸透させるには、新たな考え方を受け入れ、そのフレームワークやアプローチに積極的に挑戦できるように、組織そのもの、あるいは企業文化を改革する必要がある。そこでここからは、アイデンティティ共鳴型組織としての新たな事業創造プロセスを定着させ、企業文化を継続的に変革していくためのポイントを解説する。

アイデンティティ共鳴型組織を作る5つのポイント

企業が展開するあらゆるビジネスにアイデンティティ共鳴型を浸透させるためには、197ページに示した5つの観点を持った組織運営が求められる。そして、その中でも最優先で実践すべきなのが「①Common Vision（共感性）」を組織全体に浸透させることだ。企業がどのような製品・サービスや顧客体験を作るか、その方向性や企業の思いを従業員全員で共有する作業である。社内のスタッフにアイデンティティ共鳴型ビジネスを受け入れる「マインド」を植え付け、全社的に推進する土台を作るわけだ。

その上で、次の4つの要素を組織に取り入れるよう企業の仕組みを見直す。

・目指す顧客体験を実現するため、それに関わる複数の部門を漏れなく効果的に連動させる「②Inclusion（一体性）」

・関係する各部門に共通のKPIを設定し、それを従業員個人のKPIと連動させることで得られる部門・従業員の「③Ownership（当事者性）」

・ビジネスシーンのあらゆる場面で顧客の意見を取り込み、その価値観に合わせて迅速に顧客体験の改善に取り組める「④Agility（俊敏性）」

・一つひとつのアクションについて、成功・失敗をフィードバックし、事業の企画改善プロセスをマネジメントする「⑤Practicality（実践性）」

ここからは、この5つのポイントを詳しく解説し、共鳴型ビジネスを実践するための具体的な組織作りについて紹介していく。

アイデンティティ共鳴型ビジネスを実践するための組織の仕組み

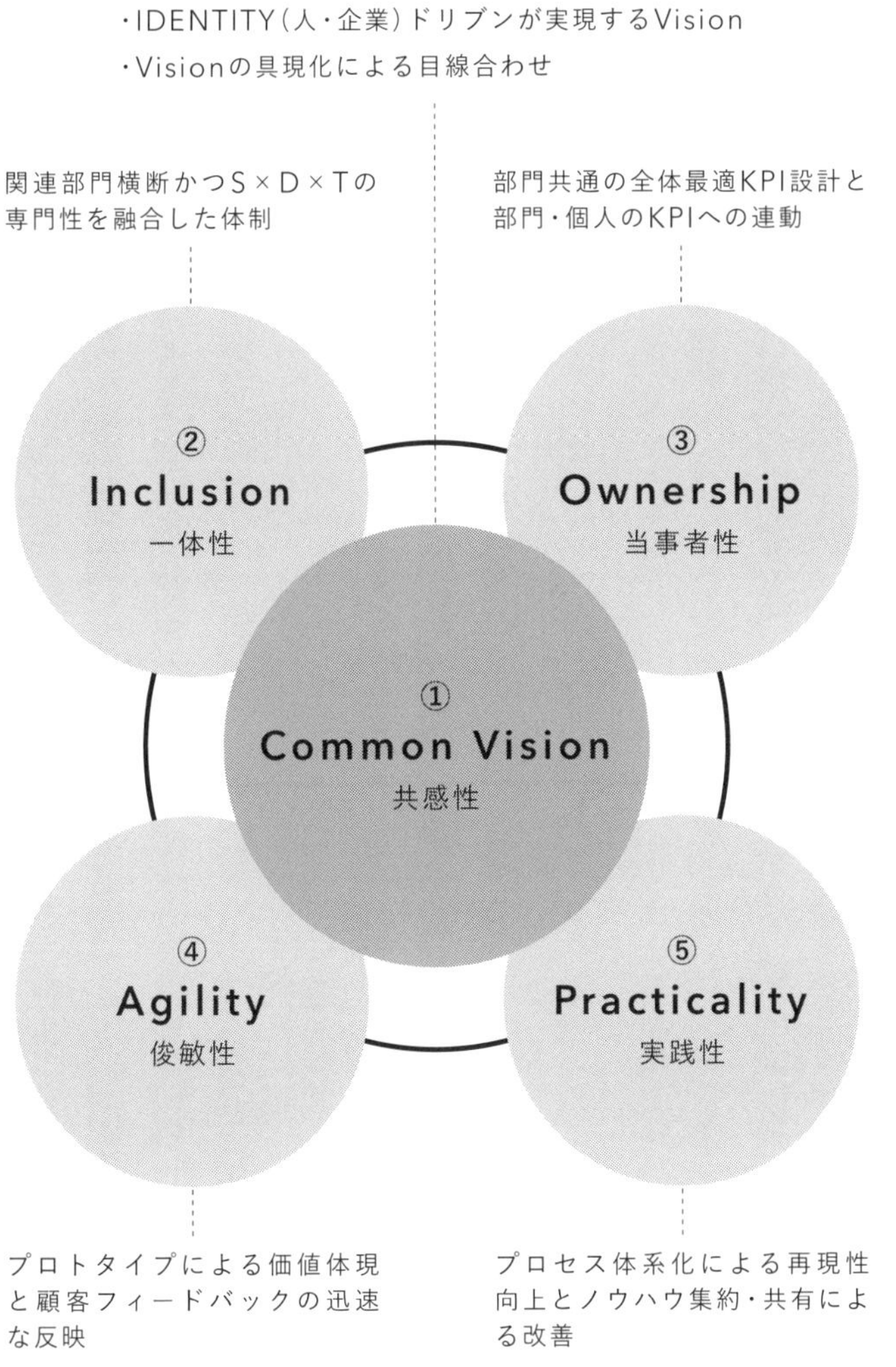

・IDENTITY（人・企業）ドリブンが実現するVision
・Visionの具現化による目線合わせ
関連部門横断かつS×D×Tの専門性を融合した体制
部門共通の全体最適KPI設計と部門・個人のKPIへの連動
② Inclusion 一体性
③ Ownership 当事者性
① Common Vision 共感性
④ Agility 俊敏性
⑤ Practicality 実践性
プロトタイプによる価値体現と顧客フィードバックの迅速な反映
プロセス体系化による再現性向上とノウハウ集約・共有による改善

1 Common Vision（共感性）
～ビジョンを共有し合えるループを作る～

アイデンティティ共鳴型ビジネスを実践できる組織を運営するに当たってコアとなる「共感性」。それを確立するには、以下の2つのステップが必要となる。

①生活者と企業のアイデンティティをすり合わせながら、企業が実現したい世界観を明確に描き出すこと。これは第4章で解説した共鳴型事業創造のプロセスの最初のBridgeである「顧客の価値観と、企業のアイデンティティとの接点から生み出された企業のビジョンを作ること」と同義だ。新規事業開発においても、組織の変革においても、スタートとなるのは生活者（顧客）と企業という、利害関係が異なる立場の相互理解である。そこから実効性の高い将来像が生まれる。

次に実施すべきなのが、②相互理解に基づいた世界観を、立場を超えて全社で共有する仕組みを作ること。当社リッジラインズは、これまでにたくさんの企業のビジョンやパーパスの策定を支援してきたが、そこでプロジェクトを共にした多くの企業が当初抱えていたのが「ビジョンやパーパスなどのような会社の世界観を体現するメッセージを作ったものの、全社で共有できていない」という課題だった。

中期計画を通じて従業員に打ち出した経営方針などはその最たる例と言える。体質改善を視野に入れた経営方針を掲げてはみたものの、ただ唱えるだけのスローガンにとどまり、結局は売り上げや利益といった目先の達成目標のみが注目されてしまう。そんな経験に、身に覚えがある人は少なくないはずだ。

こうしたことが起こるのは、企業の世界観や将来像が高い解像度で描かれていないためだ。社内のステークホルダーがその世界観を具体的にイメージできず、なかなか自分ごとへと落とし込むことができないのだ。

そこで近年は、経営層から正社員、パート・アルバイトやパートナー企業まで、多岐にわたるステークホルダーが企業の世界観を仔細に理解できるようにしようとする試みが、多くの企業で実施されている。

例えば、これまでのように「台本を読み上げるだけ」ではない、経営幹部の生々しい思いや熱意が強く伝わるライブ感のあるインタビュー映像を制作し、社内で配信することもその1つ。経営陣が目指そうとしている企業の真の姿を高い解像度で伝えることが可能になる。またビジョンマップやビジョンムービー、コンセプトブックなど、クリエーティブの力を最大限に生かして世界観や将来像を可視化する例や、さらには、きめ細かく社員と直接対話できるよう「タウンホールミーティング」の機会を積極的に作り、経営者による継続的な対話を通じて詳細な企業の将来像を労使一体となって作ろうとする企業も増えてきた。

「無印良品」ブランドを運営する良品計画は、新たに取締役になるメンバーに、その新任取締役自身が考える「無印良品らしさとは何か」を社員に向けて発表することを課しているという。取締役自身が考える「無印良品らしさ」がどのようなものかを社員が理解し、社員自身が抱く「無印良品らしさ」とすり合わせる議論を行うことで、企業の世界観をできるだけ多くの人が理解・共有できる機会を設けているのだ。企業アイデンティティを確立することに敏感な企業は、多様な手段を駆使して積極的なビジョン・コミュニケーションの手段を模索し、企業が持つ世界観の浸透に取り組んでいる。

「Common Vision（共感性）」におけるゴールは、企業と従業員とがただその世界観を高い解像度で共有することだけにあるのではない。その共有した世界観をもとに、従業員がそれぞれの組織の垣根を越えて具体的な事業モデルを生み出せる流れを作ることだ。

その1つの例が、ＩＴ企業からＤＸ企業への変革を推進する富士通で行われている「パーパスカービング」というビジョン浸透の手法。同社ではこれを活用しつつ、そこから自社が目指すＣＸの将来コンセプトを部門横断で立案するという取り組みを行っている。

パーパスカービングとは「自分がその企業で働く意義や、生きることとは何か」を従業員個人が改めて見つめ直し、それを企業や一緒に働く他のスタッフのパーパス

（存在意義）と掛け合わせる対話型の組織マネジメントプログラムである。企業が提示したビジョンやパーパスを、従業員が自分の目線に合わせていくことで、具体的な行動変容につなげることを狙いとしている。

さらに、企業の将来像に向かって従業員がより強く主体性を持って活動できる仕組みを構築する試みも研究されている。例えば、具体的な企業の事業像をさらに高い解像度で考える取り組みである「未来構想策定プロジェクト」を若手社員を中心にして立ち上げ、企業の未来の姿や顧客との関係、具体的な提供すべきソリューションの在り方などを描いていくというのもその１つ。

企業のパーパスを社員が自分なりの解釈で噛み砕き、それを基に皆で新たな企業の姿を描けば、パーパスは具体的な企業の将来像となって経営者へフィードバックされる。より解像度の高い事業の姿、会社の姿を目の当たりにした経営陣が、強い確信を持って自社の理想とする姿を社内外に伝えれば、それはより具体的な事業のモデルへと昇華していく。そのようなビジョン策定ループこそがアイデンティティ共鳴型ビジネスを行うための行動変革を促すのだ。

2. Inclusion（一体性）
～企業の多様なスキルをつなぐ～

アイデンティティ共鳴型ビジネスが目標とする「顧客との長期的な関係性」を築くには、企業内にある多様性を企業の力へと変換する「Inclusion（一体性）」を生み出す仕組みが必要である。その仕組みがあってこそ、「1．Common Vision（共感性）」で従業員が共有したマインドを、組織運営に反映できる。

我々がこれまで多くの日本の企業の悩みを聞いてきたなかで、自分たちの強みを「総合力」であると謳《うた》う企業は相当数に上った。多様な事業を手掛け、そのシナジーを期待している企業。あるいは、さまざまなスキルを持つ従業員がいて、その人材の幅広さを強みとする企業。ひと口に総合力と言っても様相は企業によって異なる。ただ、いずれにせよ実態は、その総合力を発揮できていない企業が極めて多い。長年の個別最適化によって組織や業務プロセス・データといった多様な領域で分断され、企業の組織・システム・情報など、あらゆる面でのサイロ化が進行してしまっているためである。

サイロ化が進んでしまっている組織では、顧客に提供する体験価値もまた個別最適化されてしまうことが多い。こうなると、顧客に対してチグハグな体験を提供することになり、せっかく顧客のために実施している取り組みが、かえってネガティブな事態を招くことになる。一貫した顧客体験を提供できないことで顧客が不快感を覚え、製品やサービス利用からの離脱につながった例は枚挙にいとまがない。

一例を挙げよう。ある大手航空会社が顧客とのエンゲージメントを高めるためのアプリを開発した。チケットの予約やその確認、搭乗までの一連のプロセスをスムーズにするほか、到着直後のお礼メッセージや「おすすめのキャンペーンや旅行のご案内をします」といったリコメンドメッセージをプッシュ配信する仕組みを持たせることで、顧客とのきめ細かい接点を確保することを狙った。

ところがこの仕組みは、顧客の搭乗ステータスを反映することはできるものの、例えばグランドスタッフやコールセンターとのデータ連携が取れておらず、顧客のステータスを一面的にしか捉えられていなかった。そうしたなかで、ある時バゲッジロストが発生。残念なことに、顧客がトラブルに直面しているこのタイミングで、前述のおすすめのキャンペーンに関するリコメンドメッセージを自動送信してしまう。このメッセージを受けた顧客は「トラブルが解決しないこの状態でキャンペーンの売り込みをするなど、顧客の気持ちに寄り添っていない」とネガティブに受け取り、サービスから離脱してしまうという事態となった。

現地に到着したらお礼メッセージを送る。顧客に今後のフライトを検討してもらえるよう、おすすめのキャンペーンや旅行の情報を送る。それぞれの施策で狙っている顧客体験のシナリオは、個別に見るとなんら問題はないように思える。しかし顧客の置かれている状況を踏まえなかったために、「なぜバゲッジロストしたことを事前に知らせずに、ただお礼メッセージだけを平然と送ってこられるのか」「トラブルが起こったこのタイミングで売り込みをしてくる姿勢が理解できない」と、顧客に不信感を抱かせる結果になってしまった。
最大の原因は、サービスの開発にグランドスタッフやコールセンターを管理する部門など、他の部署を巻き込めなかったことである。その根底に、顧客起点ではなく、それぞれの組織が自分たちの都合でバラバラにデータや人を管理・運用するという、企業文化の問題があることは間違いない。

こうした組織のサイロを解きほぐし、組織としての「一体性」を生むためにはどのような仕組みを作ればいいか。その解決策が、①自社と顧客の関わりを具体的に表現したイメージを活用し、部門横断でCX実現体制を作ること、そして②ビジネス戦略／Strategy・デザイン／Design・テクノロジー／Technology（S・D・T）の3つの専門性を融合するため、外部パートナー企業を交えた業務プロセスを整備すること、である。
①の「具体的に表現したイメージ」について、あるインターネットサービス企業の

データが連携されない個別最適のCXは、時にネガティブ体験を生む

大手航空会社の例

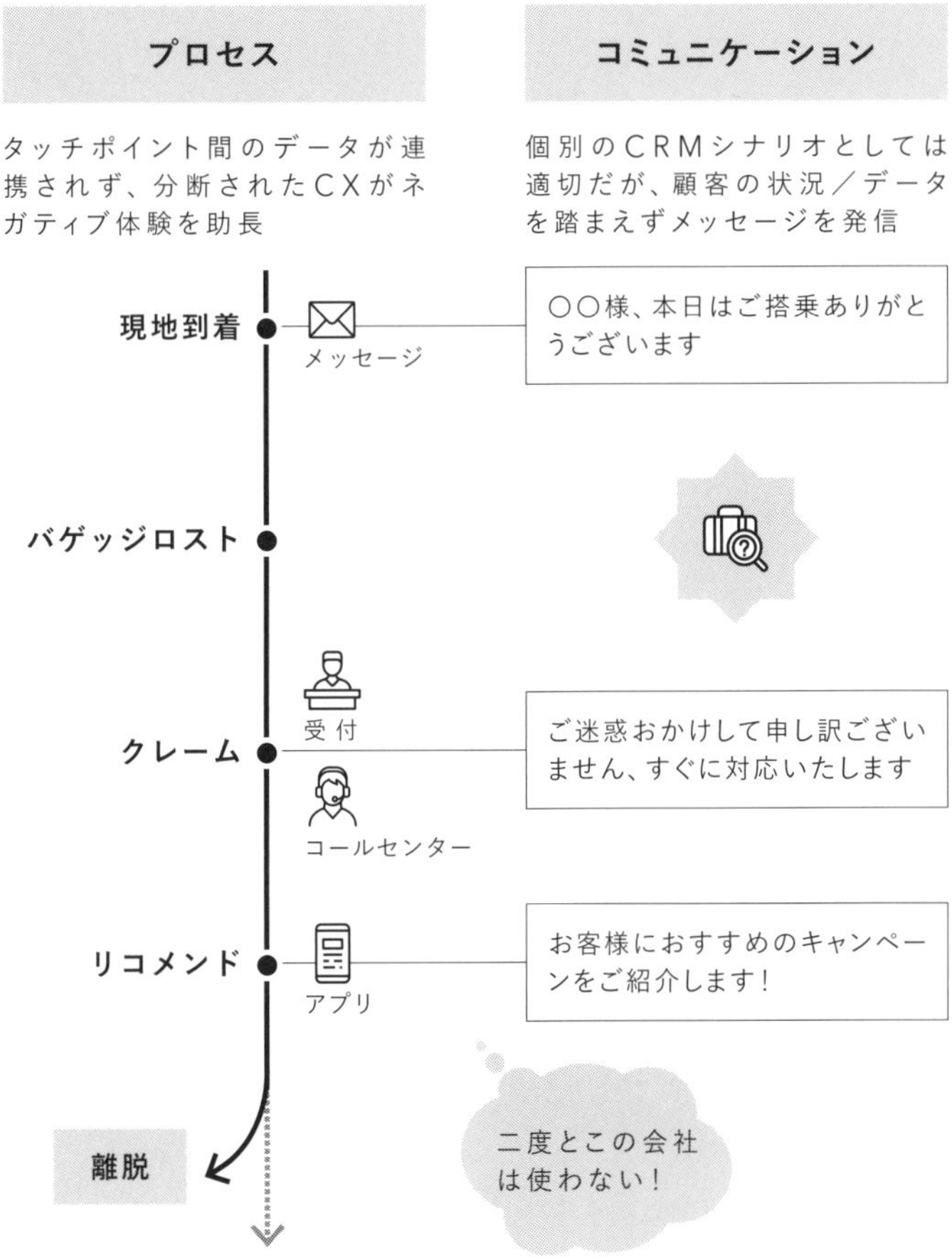
プロセス
タッチポイント間のデータが連携されず、分断されたCXがネガティブ体験を助長
コミュニケーション
個別のCRMシナリオとしては適切だが、顧客の状況／データを踏まえずメッセージを発信
現地到着
メッセージ
○○様、本日はご搭乗ありがとうございます
バゲッジロスト
受付
クレーム
コールセンター
ご迷惑おかけして申し訳ございません、すぐに対応いたします
リコメンド
アプリ
お客様におすすめのキャンペーンをご紹介します！
離脱
二度とこの会社は使わない！

A社の企業改革を例に説明しよう。

A社ではまず、現在の優良顧客や、逆に自社の製品・サービスを離脱した元顧客など、さまざまなバックグラウンドを持つ生活者へのインタビューを実施。その内容を基に、第2章で解説した14の価値観による分析を踏まえながら、同社が想定する顧客の具体的な「ライフスタイル」をあぶり出した。その上で、これら想定顧客がその企業の現在のサービスとどのように出会い、契約を結び、ファンとなるのか、もしくは離脱するのかという一連の流れを定義。商品・サービスの認知から購入に至るまでの顧客の流れを示した「パーチェスファネル」と、商品・サービスを購入した顧客が新たな顧客をクチコミなどで増やす「インフルエンスファネル」の2つのファネルからなる「ダブルファネル型」のマーケティング/エンゲージメントプロセスにおける各施策を、カスタマージャーニーマップに落とし込んで具体的なビジュアル化を行った。

そしてこれを基に企業内のミドルマネジメント層を集めたワークショップを実施した。参加者はユーザーの立場に立って、自社が提供するサービスの各タッチポイントでどのような体験をし、どのような感情を抱くかを想像し、サービス提供のプロセスを丁寧に検証。サービス体験の価値を棄損していると思われる機会がどこにあるか、そこでの社内体制の問題点は何かを特定し、同社が今抱える課題を探っていった。その上で、サービス体験を一層豊かにする具体的なアイデアを考案し、ワークショップ後にはそれぞれのアイデアの仮説を検証すべく、実際の顧客にぶつけて需要テストを実施。議論が発散したり部門間で意見が対立したりする際には、「1．Common Vision（共感性）」で各従業員が自分ごと化した企業の世界観や将来像がどのようなものだったかを見直し、そこに立ち返って軸がぶれないようにしながら顧客の体験全体の中でどのような施策が必要になるかを総合的に立案していった。

ワークショップは、さまざまな部署を巻き込んだ組織横断型で実施。それぞれの部署の視点から各プロセスにおけるCXの向上機会や課題点を洗い出し、その課題を解決できる新たな施策を皆で考案した。例えば「テクニカルサポートが電話などに限られていて、初心者には不安」といった課題に対し、「ARを活用して顧客と同じ視点でアドバイスするのはどうか」などの解決案が出たら、即座に各部署のメンバーがそれぞれの立場から実現性を検証する。こうして多くの部署を巻き込むことで、結果的に組織のサイロ化の解消も狙っている。

「一体性」を生み出すに当たって重要なのは、その企業が社会とどのような関わりを持ちたいのか、顧客に対してどのような製品・サービス・体験を提供したいのかというう具体的なイメージを描き、そのために各部署がどのように貢献できるかを議論して参加意識を高めることである。A社の場合は、それをカスタマージャーニーマップや施策体系として具体的なイメージにまとめた。一方、あるＢｔｏＢ企業（Ｂ社）の場合は、それを「ムービー」にしてまとめることで一体性を生み出そうとした。

もともとエネルギーの卸売りをメインに行ってきたＢ社だが、ブランド力やロイヤルティの向上、顧客からのニーズ吸い上げを狙って、販売代理店だけでなく、消費者と直接コミュニケーションを取ることを考えた。これまでの事業構造や顧客体験を抜本的に変革すべく、社内に部門横断での変革を担う、ＢｔｏＣにおける新しい体験作りのチームを結成。このチームを核に、会社のあらゆる組織が「消費者と直接対話する」という意識を持って、事業を推進する体質に変革ができないかを試みた。その中でこのチームが最初に行ったのが、「ＢｔｏＣを意識した場合、自社と生活者との関係性がどう変わるか、社会がどのように変革するか、その結果として今のビジネスにどういうインパクトが生まれるのか」というビジョンの策定と、インターナル向けのプロモーションムービーの制作だった。「このような新しい世界を作りたい」という会社の目標を、目で見て瞬時に理解できる形に落とし込み、経営陣にそのイメージ映像をさまざまな社内発表のタイミングで使ってもらい、社員へのイメージ刷り込みを行ったのである。

目指す姿を、まず社内の全員に「来るべき必然の未来」だと認識をしてもらう。ここを起点に多様な部門と連携を取りながら、ユーザー向けのアプリ開発やＣＲＭの基盤構築を進めた。結果としてＢ社は、業界の中でもいち早くエンドユーザー向けの顧客エンゲージメントの先進的な取り組みをスタートし定着させることに成功した。

もう１つ、一体性を追求する上で重要になるのが、②Ｓｔｒａｔｅｇｙ・Ｄｅｓｉｇｎ・

Technology（S・D・T）の3つの専門性を融合するため、外部パートナー企業も交えた業務プロセスを整備することである。

社内改革にまつわる多岐にわたるプロジェクトを実行するに当たっては、あらゆるプロジェクトの中に、ビジネス戦略を考える部門、デザインやユーザー体験を考えられる部門、そしてテクノロジーでそれらをまとめられる部門をそれぞれ組み入れることが効果的である。

戦略企画部門はビジネスのインパクトを高める策を立案するのが得意だが、収益を重視する企業目線となり、サービス利用者の視点が抜けやすい。またベストプラクティスを重視するため、その結論は差異化を生み出しにくい。デザイン部門は利用者の視点に立った高い体験価値を提供できるものの、その提案は市場やビジネス視点が抜けやすく、事業戦略と整合性が取れないアイデアを量産するリスクがある。テクノロジー部門はシーズや要件を基にプロジェクトの推進・実装ができるが、AIなどの先

S・D・Tそれぞれの視点を融合させる業務プロセスが必要

・収益重視となり、サービス利用者の視点が抜けやすい
・ベストプラクティス重視で差異化の難しい結論になりがち

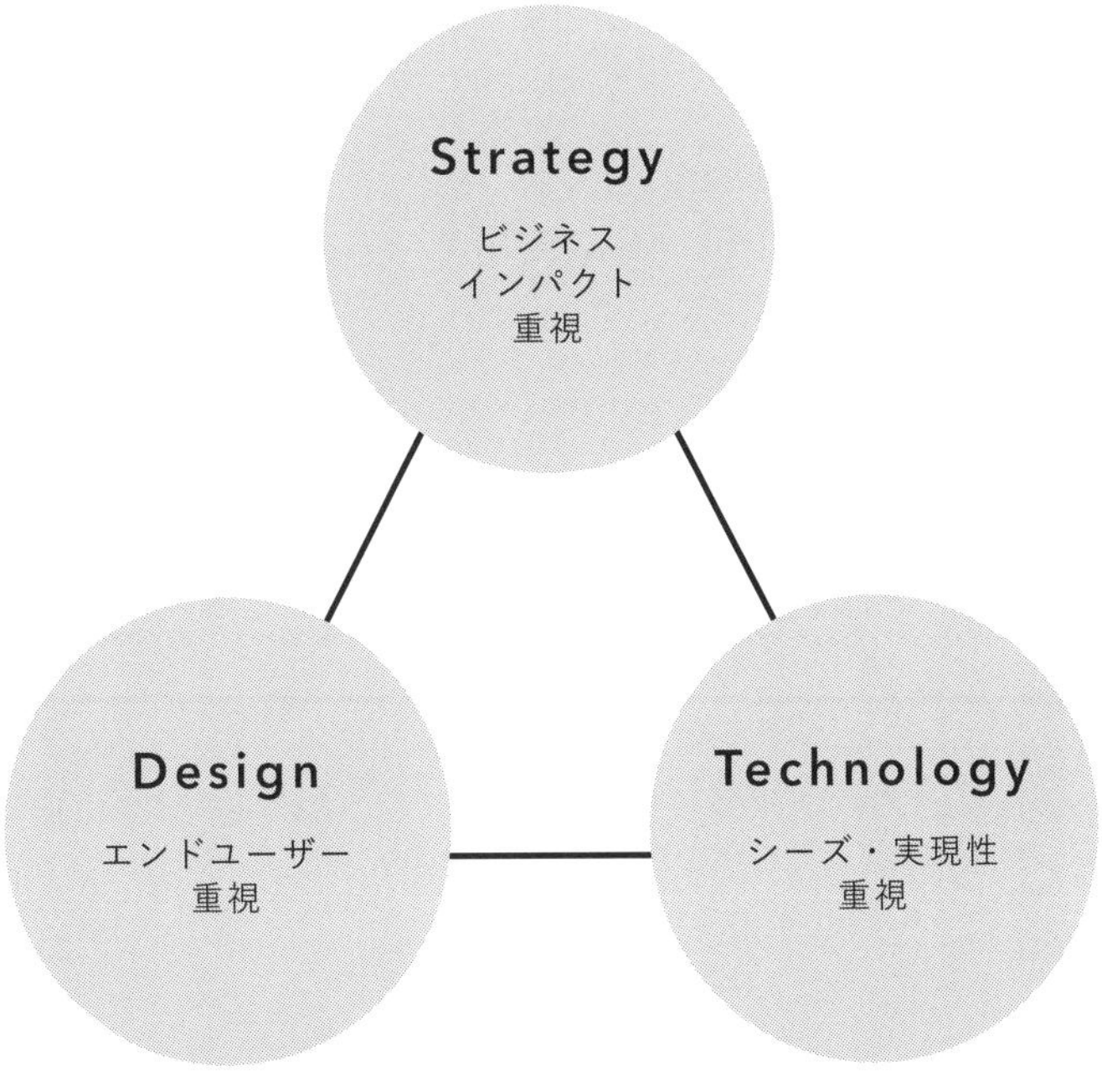

・市場やビジネスの視点が抜けやすい
・会社戦略や事業戦略と整合性が取れないアイデアを量産しがち

・AIなどの先進技術の運用傾向が強く企業の課題検証を忘れがち
・作り込みすぎ&開発計画の変更が苦手

進技術にこだわるあまりに企業の課題検証を忘れがちになり、また柔軟性やスピード感に欠ける傾向がある。この3者の長所を融合させつつ短所を補い合うチーム作りと業務プロセスの整備が、プロジェクトをスムーズに成功させるためには欠かせない。

Ｂ社では、新設したチームに経営戦略や販売促進、ＩＴ部門、デザインのメンバーを加え、多様な専門性を持つチームを組成・運営した。先のＡ社でも同様に、ミドルマネジメント層のワークショップではＳ・Ｄ・Ｔを意識して、多くの立場・部門の人が同時に議論できるようチームを編成している。

3. Ownership（当事者性）

～事業のKPIを「行動」に落とし込む～

前述の2つの取り組みを実現できると、その企業は自社の世界観や将来像を従業員に「共感」させ、その世界観に基づいた具体的な施策の実現に向けた部門横断の「一体性」を身に付けられる。その結果、アイデンティティ共鳴型ビジネスにつながる新事業創造や組織変革に積極的に取り組めるようになる。

次に大切なのは、こうした活動を従業員自らが自然な形で継続し、取り組みを自走させていくことである。そのために欠かせないのが、従業員の行動指針となる適切なKPIを用意することだ。

売り上げや利益だけに企業の達成目標を置いているようでは、アイデンティティ共鳴型ビジネスを実践する高ＬＴＶ型企業にはなれない。企業が抱く将来像やビジョンを定量的な指標に落とし込んだ、もう１つの「事業ＫＰＩ」を設定する必要がある。その上で、事業ＫＰＩを実現するためには部署や個人レベルでどのような行動を取る必要があるかというオペレーションの浸透度や実現度を測る「従業員の行動ＫＰＩ」と、その結果顧客にどのようなメリットをもたらしたか、期待する行動を取ってくれたかという「顧客の行動ＫＰＩ」を設定し、目的意識に沿った働き方ができるよう配慮する必要がある。これが実現できて初めて、アイデンティティ共鳴型ビジネスは実効性の高いものとなり、そのビジネスモデルの持続性も担保できるようになる。

日本企業は長年の最適化で改善活動が進み、部門内での個別最適化が進みすぎている傾向が強い。このため、各部門のＫＰＩを向上させる取り組みが、結果的に全社的な事業ＫＰＩを下げてしまうという矛盾を生むことも少なくなかった。例えば、部署ごとに売り上げを管理して競争を促進することで全社的な売り上げ向上を図ろうとする動き。これは結果的に同じ会社内で顧客を奪い合うという無駄な行為を招く場合も多い。部署同士がライバルとなってしまうことで情報が共有されないといった事態も珍しくはない。さらに、カスタマーリレーションを担当する部門に対し「サービスの解約率を下げる」というＫＰＩを設定したがために、解約に至る手続きを極端に複雑にしてしまい、その行為がその企業への信頼を棄損する結果をもたらすといったことは、多くの人が実際に体験したことがあるだろう。

こういったことは、企業が持つ世界観や将来像からブレイクダウンされた形で部門や個人のＫＰＩが設定されず、それぞれが連動していないことに起因するのが大半だ。

現在、多くの企業がＬＴＶを実現するために参考にしているものとして、企業やブランドに対してどの程度の愛着や信頼があるかという顧客の行動ＫＰＩを数値化したＮＰＳ（Net Promoter Score、ネットプロモータースコア）に代表されるような顧客ロイヤルティを測る指標がある。こうした指標は事業の成長率との高い相関があることから、グーグルやＧＥ、Ｐ＆Ｇといった世界的な企業で積極的に活用されている。

当社の顧客でも、こうした顧客ロイヤルティ指標を全社的なKPIとして取り入れている企業が多い。そしてこうした企業がロイヤルティを向上させるために実施しているのが、顧客ロイヤルティに影響していると思われる顧客体験を一つひとつ洗い出し、その各体験が全体のKPIへどの程度影響を与えているか、その影響度を調査すること、そしてその各体験の満足度を調査して、それぞれを比較することだ。

左図の例は、ある顧客が広告やチラシでその企業のことを知ってから契約に至り、実際にサービスを利用して定着化する、もしくは離脱するまでの一連の体験の満足度と各施策が全体の満足度に与える影響度を折れ線グラフで表したもの。そこからはTVCMや、不満点を解消してくれるカスタマーサポートの解決力が全体の顧客ロイヤルティ指標に影響することが分かる。しかし不満点の解消に関する顧客の満足度は低い。このように全体のKPIへの影響度と実際の満足度に乖離《かいり》がある場合は、そ

顧客の一連の体験の流れに沿って各施策の影響度と満足度を指標化

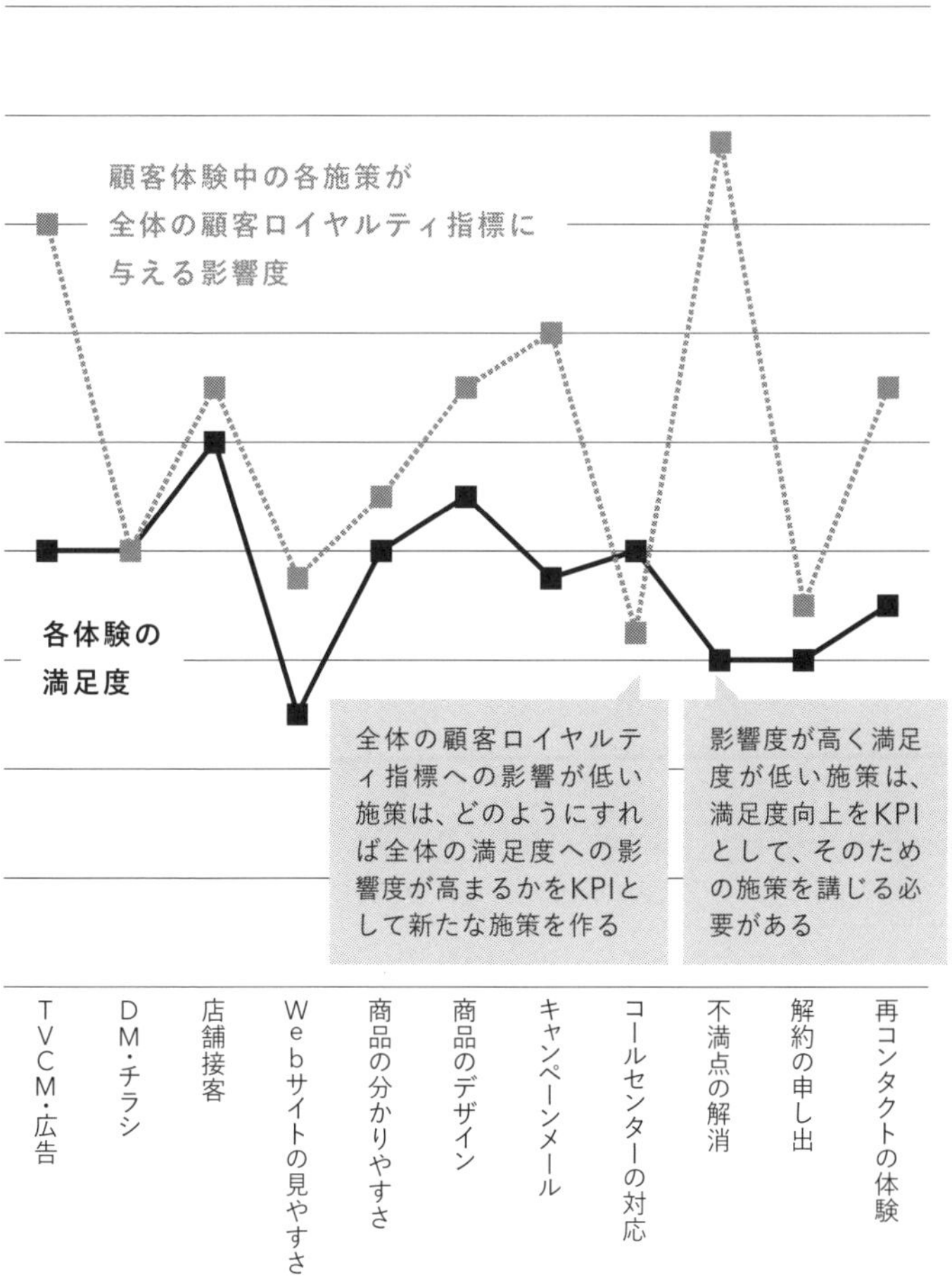

の乖離を縮めることを個別のＫＰＩとして部門や個人は行動を行えばよい。一方で「コールセンターの対応」は全体の顧客ロイヤルティ指標に与える影響度は低く、この場合、ここに関わる部門や個人は、その影響度を高めることをＫＰＩとしてそのためにどうすればよいかを考え、行動することが求められる。

カスタマージャーニー全体におけるＣＸ改善の重点領域を把握し、組織全体での体験最適化を推進することで、全社の事業ＫＰＩが各部署の従業員にまで落とし込め、従業員の行動指針を明確にできるようになる。

4．Agility（俊敏性）
～あらゆる企業活動を「素早く検証する」体質を作る～

アイデンティティ共鳴型ビジネスを実現できる組織の改革のためには、ここまで説明してきた「人の意識と行動様式」の改革と併せて、企業としての事業検証の概念を大幅に改革することもまた重要だ。企業改革を実施するためのさまざまなアイデアの「Proof of Concept：概念実証」を、小規模かつスピーディーに実施して、そのフィードバックを迅速に得ながら大規模展開に向けた改善を行い、実際の施策を展開する。このことを徹底する必要がある。

これはつまり、従来のようなウォーターフォール型で開発してリリースするという体質から脱却し、あらゆる場面でアジャイル型の検証・事業開発を行うということである。企業の世界観や将来像を体現できる具体的な施策を、プロトタイピングを通じて可能な限り迅速に社内の各ステークホルダー間で共有・検証する。これにより、まず社内のベクトルを合わせる。そして、ステークホルダーからの迅速なフィードバックを獲得し、多様な声を生かした事業開発・社内改革を行っていく。そのためには、ビジネスのあらゆる場面でアジャイル型アプローチを活用しながら意思決定をしていく仕組みを確立しなければならない。

先のインターネットサービスを展開するA社の場合、ミドルマネジメント層のワークショップを通じて出たアイデア——例えば顧客満足度向上のための独自プログラムを改善したい、顧客とのコミュニケーションのために新たなテクノロジーを導入したい、といったアイデア——を、仮に実現した場合というイメージレベルから、想定しているターゲット顧客に当てて検証している。その反応を調べながら、取り組むべき事業の優先順位を設定する。

そのためにA社では、部署を問わず顧客や企画設計者を交えて、サービスの価値検証が容易に実施できるような仕組みを作り上げた。当社では、こうした取り組みや参画してもらえる顧客を「プロトタイプコミュニティ」として位置づけ、顧客を含む一体的な組織作りを行うことを提案している。

このように「小さく、早めに」価値検証を行うことは、マーケティング施策やカスタマー・ロイヤルティプログラム、新たなシステムの導入など、あらゆる場面で重要になる。

具体的には社内の情報共有を促進させるための全社的なデータ分析基盤を作るため、ビジネスインテリジェンスツールのようなデータ分析ツールを導入するプロジェクトなど、効果が明確に見えにくい大規模なシステム開発の場面でも有効だ。まずは1つの部署で試験運用をして社員の反応を探るなど、規模は小さくてもすぐにできることを試して、そこから得た知見を取り込みながら、徐々に取り組みを大きくし全社へとつなげていく。

あらゆる企業活動を「まずは小さく試してみて、そこから改善点を探りながら成長させていく」というアジャイル型にする企業文化の醸成。この取り組みの連続が、事業をサステナブルなものにし、結果的には顧客との長期的な付き合いを促進する基盤となる。

5．Practicality（実践性）
～成功も失敗も、データ基盤を整備してノウハウに～

いかなる優秀なフレームワークや事業開発手法も、あるいは有名なマーケティングの方法論も、実際にその企業のビジネスとして実践され、それが実践知として蓄えられなければ、自社オリジナルの手法やノウハウへと昇華することはなく、新たな価値を生み出すことにもつながらない。日本の企業の多くで新規事業が失敗し、そこからどうにも立ち行かなくなった「イノベーションゾンビ」が生まれるのは、失敗と断定してしまった時点でその事業に誰も見向きもしなくなり、そこから何かを学んだりノウハウを生かして新しい挑戦に結び付けたりしようという考えがないからだ。

例えば、プロジェクトごとに体制を一新してしまう日本企業が多いこともそうなる原因の1つ。そこでの失敗を次へのノウハウに変えられる人物がプロジェクトにいないため、結局は毎回無謀な挑戦に踏み切ることになり、同じ失敗を繰り返す。失敗したチームメンバーを「今後の成功に向けた重要なノウハウを持つキーパーソン」として扱えなければ、そこから何も学ぶことはできない。

IDAのプロセスはある意味では、「ノウハウをいかにして蓄積し、それを生かすことができるか」ということでもある。成功した体験やノウハウ、そして失敗した体験やノウハウを可能な限り高速にフィードバックする。そして、さらなる製品・サービスの品質や体験価値の向上につなげ、全く新しいビジネスを生み出す種とすることで、その真価が発揮される。企業が持つ多様なスキル・人を力に変換するために、各部門がどうやったら他の部門と一緒に仕事ができるのか、Strategy・Design・Technologyの違いを理解し、その強みを活用し合うためにはどうすればよいのかを模索し、トライアンドエラーの経験をつなげていくことで、成功体験の再現性を高め、結果的に事業の成功や成長の確率を高められる。

ノウハウを蓄積していく上で大切なのは、企業の中でさまざまなデータを共有・分析できるようにするための、統合データ基盤の整備である。当社が新規事業創造をサポートする企業では、事業開発と同時にこうしたデータ基盤の開発までも実施するケースが多い。顧客のデモグラフィックデータや、製品・サービスの販売・契約に至った経緯を知るための顧客の行動データ、製品・サービスに対する意見のような顧客とコミュニケーションを取った際のログデータなどを統合管理して分析することで、成功体験・失敗体験をノウハウとし、新規事業の先にある新たな事業への連鎖を生み出そうと考えているためである。

新たな事業への挑戦は、これまでの事業を継続することと比較すれば、先が見えないハイリスクな取り組みであるのは間違いない。相当のコストと人的リソースをかけて事業創造に挑戦するなかで、その事業に関するあらゆるデータを統合管理することは、例えば事業が軌道に乗ればその事業の高度化につながるだけでなく、データを活用し新たな事業へ挑戦することを容易にさせる。残念ながら事業がうまくいかなかったとしても、その失敗をノウハウに昇華させ、さらには全社に点在するＶｏＣ（Voice of Customer：顧客の声）を集約し、生活者のニーズポートフォリオマネジメントを実現する必要がある。そのことが新たな事業開発に挑戦する原動力となり得るはずだ。

人の意識・行動様式とプロセス、データの在り方を見直す

ここまで、本章では第４章で紹介したＩＤＡのフレームワークを生かしながらアイデンティティ共鳴型ビジネスを次々に生み出せる企業になるための組織作りについ

て紹介してきた。

まとめると、まず大事なのは企業の将来像を皆と共有して、それを従業員が「自分ごと化」することだ。そのプロセスは3段階ある。まずは企業のビジョンと従業員の思いを重ね合わせ、共感を生み出すこと。次に、そのビジョンに基づいて企業と顧客の付き合い方を見つめ直し、そこで各従業員がどのように価値を提供すればいいのかをあらゆる部門を巻き込みながら考え・実行すること。そして、そのために各部署・そして従業員は何を基準に動けばいいのか、その行動ＫＰＩを設定することだ。

従業員の意識や行動様式を整えた後は、その検証のプロセスを整備し、検証を正確に行うためのデータ基盤を構築する。人、プロセス、データ。この3つを見直すことが、生活者と企業との新たな関係を生み出すことを可能にする。

また、アイデンティティ共鳴型ビジネスは社内の改革にとどまらず、社外との連携を加速し、アイデンティティに基づいた新たな経済圏を生み出せる可能性をも秘めている。最後に、アイデンティティを起点に企業の連携が加速すると、どのような新しいビジネスの可能性が生まれるのか。社会がどのように変化していくかをごく簡単に論じながら、本書のまとめに入っていきたい。

おわりに

2023年現在、世界市場は今後最大の消費ボリュームゾーンとなるであろう「Z世代」に注目し、彼らをターゲットにした商品・サービスの開発を進めている。一方、超高齢化社会の我が国では、最大の消費ボリュームゾーンがシニア層。多くの日本企業の視線は世界とは真逆に向いており、Z世代への理解が十分に進まず、この市場を取り切れていない。こうした市場の食い違いは、日本が世界の成長市場から大きく取り残される危険をはらんでいる。

だがこれは、世代や性別などのデモグラフィックデータで市場を分断する旧来のマーケティング手法に基づいた世界での話だ。世代をまたぎ、デモグラフィックデータに囚われない「同じ価値観」でつながる生活者を見据え、彼らの価値観を満たす。こうした新たな市場を見いだすことに成功すれば、日本企業がその市場での世界的リーダーとなれる可能性が十分に残されている。

本書は、当社リッジラインズが考える「アイデンティティドリブン（共鳴型）」のエッセンスについて解説してきた。本書の序章でも述べたように、既存ビジネスの成長はもはや見込みにくい。そうしたなかでデジタルを活用した新たな事業に活路を見出すも、逆に事業の均一化を招き、他社との差異化が難しくなるというパラドックスに陥っている企業も多いだろう。

そんな日本企業が、ＧＡＦＡを中心とした世界のＩＴ先進企業に立ち向かっていくために必要なのが、価値観をベースに生活者の隠されたニーズを捉えていくという「人起点」の発想を主軸にした事業創造だ。

世界ではデジタル技術を一層高度に活用した新ビジネスが次々に生み出されている。インターネット上の仮想空間でアバターを用いた交流を楽しむ「メタバース」もその1つ。日本の多くの企業が、同技術を活用した事業創造を行っているが、そこでは企業側の「とりあえずメタバースを始めたい」という思いばかりが先行。消費者がこの仮想空間で何を成したいか、そのために企業は何をすればいいのか、という本質的な議論がおざなりになっているという問題もある。現実のビジネスをただメタバースに置き換えただけでは、誰にも見向きもされない「デジタルシャッター街」を生み出すことになってしまう。

実はメタバースのような新しいデジタル事業にこそ、価値観ベースで「人」を捉え、企業の個性を発揮した商品・サービス展開をしていくというアイデンティティ共鳴型の事業モデルがより必要とされている。

例えば実際の自分とSNSでの自分が少しだけ違うように、私たちはリアルとデジタル上で人格を使い分けている。同様にメタバースの世界でも新しい人格が誕生すると考えられる。そこにおける人格は、これまでのその人からは想像もできない、リアルと大きくかけ離れたものになるかもしれない。それがどんな人格であるかは、その人の表面的な行動を観測していただけでは分からないだろう。

しかし、どんなにプラットフォームが移り変わろうとも、その人が「本当に大切にしている価値観」は同じだ。生活者の価値観をベースにその行動原理を捉え、彼らのカスタマーサクセスの実現に邁進し、他国に先行した新しいマーケティングを生み出す。それこそが今後の競争を左右するポイントである。

そして、本書で述べてきたアイデンティティ共鳴型ビジネスには、その先がまだある。ここからは今後の展望として、デジタル時代のビジネスの第2フェーズについて少しだけ触れたい。

第2フェーズの競争のステージは、「人起点」のデータを主軸にした「企業間連携」に移っていくと考えられる。企業同士が協業・連携してさまざまな価値を生み出すというエコシステムの考え方に、「人」の「価値観」というエッセンスを加えていくのだ。

企業のパーパスには、SDGsの達成や社会課題の解決といった、1社だけで解決するのは難しいような大きな課題も存分に含まれている。

また、顧客のライフスタイルに対するニーズも多様化、複雑化しており、1つの生活シーンだけで生活者の価値観を充足させることは困難だ。当然、各企業が1社だけで観測できる人の価値観にまつわるデータも、その企業の業界に関連する分野に限られる。

しかしさまざまな業種が生活者のデータを共有し、それぞれをつなぎあわせながら商品・サービスを開発できる仕組みを作ればどうだろう。

メルセデスベンツ日本と竹中工務店は2019年に期間限定でオープンした体験施設「EQ House」で、自動車メーカーと大手建設会社とが中心になって、モビリティとリビングをシームレスにつなげるという新しい試みを行った。実はここには、さらに寝具メーカーの西川や料理スタジオのABCクッキングスタジオも加わっており、生活を構成するさまざまな「価値観」を利用者を起点に丸ごとつなぐ取り組みを行った。

例えば毎日の睡眠データを観測し、日々の睡眠の質がリビングや自動車の中での行動にどんな変化を与えるかを分析する。また、その人に最適な照明の色温度や空調温度などを利用者と車や家とのさまざまなコミュニケーションログから割り出すことで、寝室からリビング、リビングから自動車に至るまで、常に最適な照明・空調を提供できるようにする。これまでは「点」でサービスを展開していたところを「線」でつなぎ、最終的に「面」で展開できるような環境作りが行われている。こうした業界横断型で、一人ひとりの生活に寄り添う新たなパーソナライゼーション型の生活提案が、今後さまざまな分野の業界で必須になると考えている。

異業種連携で、「人」中心の新しい価値を提供していく仕組み作りに注力する。これこそが今後、世界にはない日本企業が提供できる価値として強みを発揮し、GAFAに対抗するための力になると考えている。

そして、こうした新しいビジネスの仕組みを作らんとするチェンジリーダーを支援することこそが、当社リッジラインズの使命だと考えている。

最後に、そんな私たちリッジラインズのパーパスについて改めて触れておきたい。私たちには3つの目的がある。1つ目は、「人」を発想の起点にすること。変革に挑むのも「人」ならば、変革の先にある未来を生きるのも「人」だからだ。

2つ目は、変革への志を持つ「チェンジリーダー」を支え抜くこと。変革という過酷で、時に孤独な戦いに挑むチェンジリーダーに伴走し、最初から最後までを共にする。

3つ目は、人を起点に発想し、チェンジリーダーと伴走しながら、「まだ誰も見たことのない景色」を生み出すこと。

顧客や従業員、ビジネスの先にいるユーザーなど、あらゆるステークホルダーを深く理解し、全ての人にとって最適なソリューションを提案していく。

異業種連携という第2のフェーズでも、時代を切り開くチェンジリーダーと共に、この困難な時代を駆け抜けていきたい。そして願わくば、本書を手に取ったあなたが、チェンジリーダーの一人となり、まだ見ぬ新しい景色を共に作り上げてくれることを期待している。

著者を代表して　平山 将

著者紹介

平山 将　Ridgelinez株式会社　上席執行役員 Partner

リテール、メーカー、金融・保険、サービスなど幅広い業界にて300件を超えるCX・デジタルマーケティング・CRM戦略立案や新規サービス企画開発プロジェクトに従事。富士通においてデジタルマーケティング等の新規事業を主導し、新規領域の開拓で3000億円を超えるビジネスを創出。富士通の経営戦略部門でのDX戦略立案・実践経験を経て現職。

—

村瀬 馨人　Ridgelinez株式会社　Director

CX戦略の策定、新事業/サービスの創出やデジタルチャネルの立ち上げに加え、CRM/ロイヤルティマーケティング領域のコンサルティング案件を主導。戦略/企画構想からシステム、オペレーション、プロモーション/コミュニケーション、マネジメントへの落とし込みまでトータルプロデュースできることを強みとし、リテール、エネルギー、金融・保険、情報通信等の業界で実績多数。

—

田中 培仁　Ridgelinez株式会社　Director / Chief Creative Director

デジタル社会における人起点のビジョンを提唱し、ブランド戦略と事業戦略を繋いだ新規事業プロジェクトを主導。統合的なクリエイティビティを強みとし、DXビジョン構想、新サービスデザイン/ブランディング、組織/カルチャー変革など100を超えるプロジェクトを牽引。主なアワード歴としてグッドデザイン賞2013/2015/2021、SDA賞、日経ニューオフィス賞など。

—

鈴木 謙一　Ridgelinez株式会社　Director

新規ビジネス創出支援やマーケティングコンサルティング業務に従事し、CX改革やデジタルマーケティング戦略の策定、営業改革支援等、幅広いテーマのコンサルティングプロジェクトをリードし、企業のマーケティング高度化を支援。データ活用サービスの企画や多様なマーケティングパートナーとのアライアンスを経験し、富士通にてデジタルマーケティング事業統括を経て現職。

顧客の「個性」を捉え、自社の「個性」を体現する
デジタル時代の事業創造法

アイデンティティドリブン事業創造

2023年4月3日　第1版第1刷発行

著　者　平山 将
Ridgelinez Customer Experience Team
発行者　河井保博
発　行　株式会社日経BP
発　売　株式会社日経BPマーケティング
〒105-8308 東京都港区虎ノ門4-3-12
装　丁　小口翔平 + 後藤 司（tobufune）
デザイン・制作　佷田 潤 + 桐山 恵（エステム）
印刷・製本　中央精版印刷株式会社

ISBN978-4-296-20027-6

本書籍に関するお問い合わせ、ご連絡は下記にて承ります。
https://nkbp.jp/booksQA